U0561401

知·新
INSIGHTS

印度
国家博物馆

*National Museum
New Delhi
India*

梅辰 著

广西师范大学出版社
·桂林·

印度国家博物馆
YINDU GUOJIA BOWUGUAN

图书在版编目（CIP）数据

印度国家博物馆 / 梅辰著. —— 桂林：广西师范大学出版社，2023.6
（走遍世界博物馆）
ISBN 978-7-5598-6053-8

Ⅰ. ①印… Ⅱ. ①梅… Ⅲ. ①博物馆—历史文物—介绍—印度 Ⅳ. ①K883.51

中国国家版本馆 CIP 数据核字（2023）第 089870 号

广西师范大学出版社出版发行

（广西桂林市五里店路 9 号　邮政编码：541004）
　网址：http://www.bbtpress.com
出版人：黄轩庄
全国新华书店经销
广西广大印务有限责任公司印刷
（桂林市临桂区秧塘工业园西城大道北侧广西师范大学出版社集团有限公司创意产业园内　邮政编码：541199）
开本：787 mm×1 000 mm　1/16
印张：17　　　　字数：300 千
2023 年 6 月第 1 版　　2023 年 6 月第 1 次印刷
定价：128.00 元

如发现印装质量问题，影响阅读，请与出版社发行部门联系调换。

前 言

世界上究竟有多少家博物馆？这事儿谁也说不清楚，即便是权威机构也没有标准答案。

但是，如果你问：世界上最著名的博物馆有哪些？倒是很多人会脱口而出："法国卢浮宫博物馆、英国大英博物馆、俄罗斯冬宫博物馆以及美国大都会博物馆……"卢浮宫、大英馆、冬宫以及大都会馆被公认为是世界上最著名的四大博物馆。

然而，四大博物馆在藏品的特色上却少了些自我特色，它们更像是一个汇聚了世界各地古老文明遗珍的巨大宝库。如果你想在一个特定的环境、较短的时间内一览世界各地古老文明的珍奇宝藏，那么，四大博物馆会是一个比较理想的去处。

而有些博物馆，譬如埃及国家博物馆、印度国家博物馆、墨西哥国家人类学博物馆等这一类的博物馆，其因馆藏品具有鲜明的国家、民族、地域以及文化特色而成为世界博物馆中独树一帜的重量级博物馆，并因此跻身世界名馆之列。

本书《走遍世界博物馆》系列丛书——《印度国家博物馆》中的印度国家博物馆（新德里）就是这样一座汇聚了古印度文明文物之菁华的独具特色的博物馆。它是世界最具影响力和重量级的博物馆之一。其馆藏文物约20万件，文物历史年代跨度超过5000年，是世界上收藏古印度文明遗珍最丰富的宝库，其中许多珍宝在世界文明史上具有里程碑式的重大意义。

本书以作者在印度国家博物馆（新德里）的泡馆经历为视点，对其中的重要藏品、珍贵文物进行了详细的导览与解读，其中不仅包括了文物背后的历史故事、收藏经历等，还将作者在当地采风时所看到、听到的风土人情、人文风貌等一并结合到了对文物的解析中，为读者深度了解神秘而古老的印度文明提供了一个认知的新窗口，使那个曾经在人们印象中神秘莫测的印度文明，伴随着一件件文物的清晰解读而变得不再陌生与遥远。

悦读《走遍世界博物馆》系列丛书，和梅辰（辰馆）一起走遍世界博物馆。

印度国家博物馆简史

印度国家博物馆（新德里）外景

印度国家博物馆（新德里）内庭院

印度规模最大、藏品最丰富的博物馆有两座：加尔各答的"印度博物馆"和新德里*的"国家博物馆"。人们习惯上称加尔各答的"印度博物馆"为"旧国家博物馆"。

"印度博物馆"坐落于印度第三大城市加尔各答市的最繁华路段，它是由英国人早期创办的孟加拉亚洲学会（成立于1814年）下属的研究机构发展而来，并于1866年定名为"印度博物馆"。该馆距今约160年的历史，堪称是亚洲历史最悠久的博物馆。由于加尔各答曾是英殖时期印度的首都，因此"印度博物馆"在某种意义上也被看作是那一时期的"国家博物馆"。

新德里国家博物馆是印度独立后由**印度人自己建立的博物馆**，创建于1949年，是印度规模最大、馆藏最丰富、设施最完备、品类最齐全的国家级博物馆，也是印度最具重量级的博物馆。其全称为"（印度）新德里国家博物馆（National Museum, New Delhi）"。

---

*印度首都德里市由新、旧德里两部分组成。老市区为旧德里，之后英国人在旧德里的南边建立了一个新城区，名为新德里。

本书因篇幅所限，将仅围绕新德里的印度国家博物馆的馆藏进行展开，后文所说"印度国家博物馆"皆仅指新德里的印度国家博物馆，不再另外注释。

印度国家博物馆之缘起

1947—1948年岁末年初，一个由印度与英国政府合作、伦敦皇家学院主办的印度艺术品展览在伯灵顿大厦画廊中开展，展品全部是印度各博物馆中遴选出来的艺术精品。该展览在当地取得了巨大成功。

展览的成功举办，引发了印度有关部门想要在首都新德里将这批艺术品再行展览一次的念头。于是，1949年，同样的一个展览在新德里印度总统府杜巴厅（Durbar Hall）中盛大开幕，并取得了巨大的成功。随后有关部门萌生了留下这批艺术品以便未来在国家博物馆中展示印度古老文明文化瑰宝的想法。他们把这个动议发给了各参展博物馆（单位），但这个想法并没有得到一致的赞同：一些博物馆表示愿意将展品继续留在新德里进行展览，而另一些博物馆则要求归还他们的展品。于是，那些留下来的展品后来成为了国家博物馆早期收藏的核心。

1949年8月15日，在纪念印度独立两周年喜庆之日，时任印度总督拉贾戈帕拉查里（Shri R.C. Rajagopalachari）在总统府宣布将建立"印度国家博物馆"，并为此举行了揭幕仪式。同时，他还宣布在国家博物馆建筑落成之前，总统府的杜巴厅将行使有关文物的展览与保藏功能。

此后，"杜巴厅博物馆"的行政归属一直挂在印度政府有关的考古学部门。后来它又被纳入印度教育部，由教育部直接管辖。之后，在教育部考古总干事的领导下，博物馆方面不遗余力地四处征集藏品，越来越多的艺术品、文物被收进博物馆中，博物馆的藏品日渐丰富。尽管博物馆也收到了一些捐赠文物，但其藏品主要还是来自艺术委员会的收集购买。

1955年5月12日，时任印度总理尼赫鲁宣布印度国家博物馆将在新址（即新德里国家博物馆现址）开工建设。

1960年，印度国家博物馆建筑落成。同年6月，该建筑移交给了博物馆的相关管理部门。同年12月18日，印度国家博物馆正式对公众开放。其行政管理隶属于印度文化部和人力资源发展部，并由该管理部门提供资金支持。

从"杜巴厅博物馆"到"国家博物馆"，一些重要的历史遗物以及精美的艺术品一直不间断地被收集到博物馆的馆藏中。迄今为止，印度国家博物馆馆藏文物已达20余万件，藏品年代跨越5000年之久，是世界上拥有古印度文明瑰宝最丰富的地方，其中的许多馆藏珍宝在世界文明史上都具有里程碑式的重大意义。

今天，印度国家博物馆以其独有的历史、民族、文化与艺术特色屹立于世界博物馆之林，成为世界博物馆中最具影响力、最具历史文化价值、最具吸引力的博物馆之一，并因此跻身世界前20座重要博物馆之列。

印度国家博物馆简介

印度国家博物馆大门

穿过著名的"印度门",沿着中央大道向南走不远就是印度国家博物馆的所在地(Janpath 路与 Maulana Azad 路的交会处)。

中央大道是印度首都新德里最重要的国家大道,呈东西走向。大道东起总统府,向西沿大道两侧分布着印度诸多政府机构以及国会大厦等,国家博物馆就坐落在大道南侧一片绿树环绕的林荫内,很是安谧与幽静。

印度国家博物馆(下简称"印度国博")的主体建筑呈 C 形。博物馆的整个区域由主体建筑、围绕在主体建筑之外的外庭院、主体建筑环抱中的内庭院三部分组成。

乍眼看去,让人有点不太敢相信眼前的这座红砂石建筑是有着丰富馆藏的印度国博。它外表平平,既不现代也不恢宏,就只是一幢老式的三层建筑,类似于20世纪70年代中国城市中常见的那种普通建筑,虽说是红砂石材质,却泛着老旧的黄色。它的前面没有宽阔的广场或草地,几乎就是临街而建,这难免让人觉得这样一个因古老文明和丰富馆藏而闻名于世界的博物馆在气势上显得有些过于质朴和简单。作为珍藏着世界四大古文明之一的古印度文明的一座国家级博物馆,至少在外观上应该是大气恢宏的吧。或许,印度人也认同"包子有肉不在褶上"的理念。

不仅如此，印度国博也没有像其他国家的国家博物馆那样气派的大门。它的大门，就是那种最传统的铁栅栏门。若不是大门旁的那几个烫金的大字"国家博物馆"，你可能会以为大门里面只是某个普通的单位或者学校。

印度国博的门票为300卢比/张（约合人民币30元/张），携带相机者还需另外加收300卢比的相机费（实际相当于每位60元）。曾听到一位参观者抱怨说"这么一个外观陈旧、规模不大的博物馆，竟然卖这么贵的门票"，言语间流露出得不偿失之意。

嗯，说印度国博老旧，辰馆同意。它不仅外表平平，且内部设施也大多停留在20世纪中后期的状态：展厅、展柜都是传统老样式，看上去和中国20世纪七八十年代的博物馆面貌差不多。其馆内的"空调"，靠的是若干直径约1米的巨大电风扇进行调温，走近它，那风力就像是喜马拉雅山裂开了一道口，其力度之大让人觉得站在风口上大象都能飞上天。俗话说"好马配金鞍，好船配劲帆"，以如此简单陈旧的硬件设施来匹配印度国博所拥有的宝物，总让人觉得有点儿委屈了那些几千年传承下来的无价之宝。

问及馆内的工作人员：这么多珍贵宝物，为何不改善一下博物馆的设施（参观环境）？答曰："不需要啊，因为没有人来这里是为了看'设施'。即便是现在这样的设施（环境），来参观的人依然每天络绎不绝……"嘿嘿，还真是"包子有肉不在褶上"。而事实上，也就只有有肉的包子才真的不在乎褶儿的多少，因为它有实力不在乎，而空瘪的包子就只能靠多捏几个花哨的褶子来掩盖其虚了。

印度国博宝藏

印度国博的家底儿究竟有多厚？去看它满院子里三三两两散落着的那些上千年的文物就知道了。在印度国博，想要跻身室内展厅是需要凭自身段位论资排辈的。即使你有上千年的历史，对不起，你也只能凭资历、按身价待估。

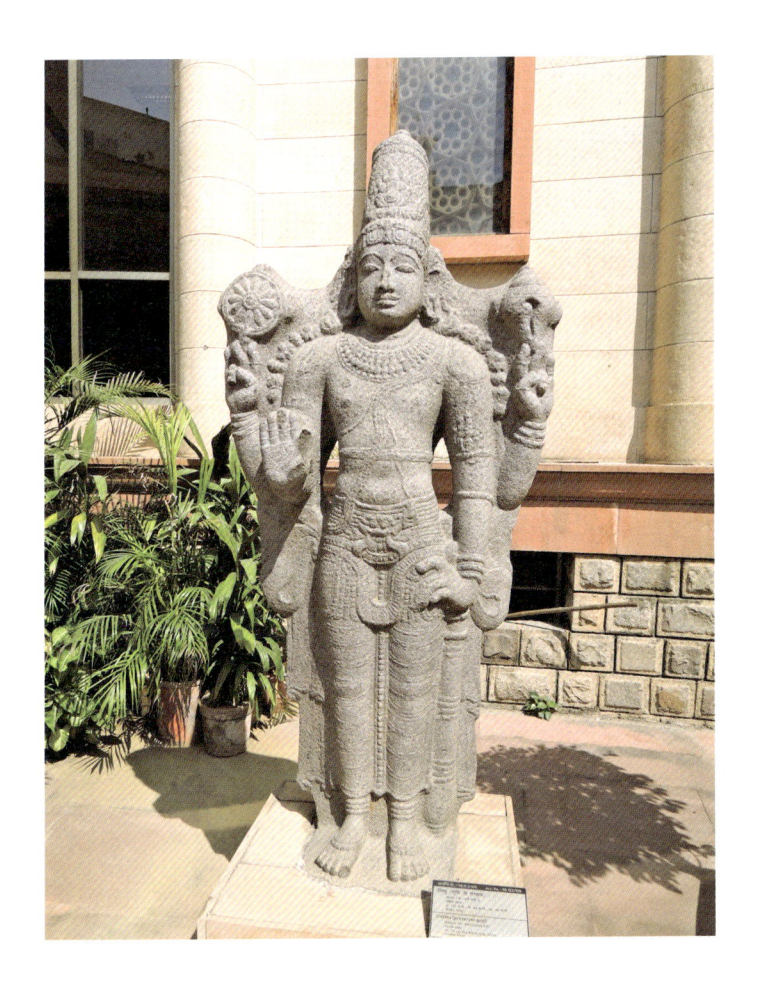

毗湿奴立像

年代：公元7—8世纪
材质：石
规格：高175厘米，宽83厘米，厚40厘米
出土地：印度南部
现展陈于印度国博内庭院

"这位石爷爷,您今年高寿啊?5000岁?得嘞,您里边单间请(室内独立展柜)"。

"这位陶奶奶,您贵庚啦?3000岁?哦,您进屋靠墙站。"

"您,多大了?1500岁?去,外边院子凉快儿去!"

……

在印度国博的露天庭院中,这类站在"外边儿凉快"的千岁文物不在少数。凑近这些宝物细看:"公元7世纪""公元9世纪"……它们就这样被赤裸裸地曝晒在了光天化日之下,任凭风吹雨打。没办法,大户人家就是这么豪横,家底儿厚,三毛两毛的不在乎!(若是搁在其他一些国家的博物馆里,这些千年文物说不定早就被重点保护起来了,甚至还有可能成为镇馆之宝。真是撑死的撑死,饿死的饿死,各有其命啊!)

长廊展厅

印度国博拥有世界上最多的古印度文明瑰宝，其中不乏在世界文明史上具有重大意义的珍贵文物。譬如，贵霜王朝展厅中的犍陀罗佛造像，是世界上最早的具有真人相貌与身形的佛像，在世界文明史、宗教史、佛教史上都有着不可估量的重大意义。而青铜器展厅中的《舞王湿婆青铜像》，更是以一种轻盈曼妙的静态意象呈现出了一个动感极强的律动画面，它将印度哲学对于宇宙世界中动静更迭、生息交替、于变化中永恒的思想完美地喻示在了这件优美的艺术品中，被认为是古代印度宗教与艺术相结合的杰出典范，代表了古代印度造型艺术与青铜制作技术的最高水平，并因此成为印度国博的镇馆之宝。

这样一座拥有众多印度文明珍宝、在世界博物馆中享有盛誉的国家级博物馆，你觉得600卢比的票价贵了么？或许仅从展陈条件与参观环境的角度看票价可能有点偏高，但问题是包子卖的不是皮儿的价，是馅儿的内容决定了包子的定价。

印度国博入口大厅

入馆安检

印度国博的入馆安检可谓是世界上最严格、最有震慑力的安检之一，它是由荷枪实弹的武装军人具体执行，这大概是世界上安全级别最高的博物馆安检了。（在印度，荷枪实弹的军、警非常多，地铁站里、闹市区、街头巷尾随处可见，而且其制服种类之多让你根本搞不清到底有多少种军和警。）

印度国博的安检实行男女分检。安检时，女性参观者会被引到一个相对封闭的环境内，由女警进行器检和手检双重检查。由于是女警，故而没什么避讳之处，于是手检就成了不留死角的全身检查，这过程让人觉得多少有些尴尬。

通过安检后，直接就进到了博物馆大厅。

博物馆大厅是一个方形大厅，厅内设有售票处、服务处和一个长廊展厅（馆藏品实在是太多了，把本应承担接待功能的大厅都给占用了）。

家底厚实的印度国博让你一进门就被震得一激灵：大厅内所摆放的展品很多是公元2世纪、公元5世纪时期的石刻作品，以至于观众中不时地有人发出"perfect！（太神奇了！）""great！（太棒了！）"的惊叹！

然而，也有观众叹息："唉！如此珍贵的文物就这样无遮无拦地摆在了简陋的石膏架子上。"是的，在印度国博大部分文物就是这样无遮无挡、无警示、无栏杆地近距离展现在观众面前。倘若遇到不了解博物馆规则的小朋友或者成年观众，很容易就会发生触摸文物的情况。不过，看情形，似乎是你摸了也就摸了，没人在意这些。在印度，天空永远飘着五个字儿："啥都不是事儿！"人人都天生"佛系"。

这就是印度，这就是印度人！

伽那（Gana，湿婆的伴神）
年代：公元5—6世纪（笈多王朝）
材质：石
出土地：北方邦（Uttar Pradesh）
规格：高47厘米，宽37厘米，厚19厘米
现展陈于印度国博G楼入口大厅

印度人的处世哲学

或许，你已经注意到了，在印度国博大门的右下方躺着一只睡得酣畅淋漓的狗狗。

实际情况就是这样。在印度国博的大门前时不时地就会有几只闻香识墨的狗狗前来光顾一番。它们或玩耍、或躺在地上惬意地晒太阳，毫不理会这里是什么国之要地，而门卫大兵也绝不会因为这里是国之门面而去轰撵它们。这正折射了印度人对待生活与生命的态度——他们善待一切动物，视一切有生命者为人类的朋友。在印度的大街上，随处可见自由自在的狗狗、随心所欲的神牛、攀缘腾跃的猴子、安步当车的小猫、招摇过市的松鼠……印度人的宽容与友善使这些狗、牛、猴、猫等动物在这里生活得无忧无虑，无所畏惧，有如它们的主人那样平和、淡定与从容。在印度人的观念中，自然界的一切生灵都具有亲缘关系，而人只不过是自然界生命体系中的一支、一部分，人和众生是平等和谐的共生关系。因此，人类的小伙伴狗狗现在有点累了，倒在大门口休息一下又有何妨？

说到动物，让辰馆想起在印度旅行时曾看到的有趣一幕：

那天，途经一段矮墙，辰馆无意中看到一只猴子与一只猫在墙头上"狭路"相逢了。

彼时，猴子和猫四目相对互瞟了一眼，然后各自不紧不慢地在原地坐了下来，看上去颇有些搁置争议、互利共赢的气度。

二位就这样不急不躁地相对而坐，气氛十分平和，看不出任何剑拔弩张的迹象。

于是，辰馆停下来站在那里静静地看着它们，想知道这两个异类在狭路相逢时会做出怎样的抉择：勇者为胜，还是退让折返？

约莫十分钟的光景，猴子伸了伸懒腰，用眼角的余光不经意地瞥了一眼对方，随后它们不约而同地站了起来，小心翼翼地错身而过。看着它们用爪子紧紧地扒住墙沿儿，大半个身子悬在墙外，努力地掌握着平衡，成功地避让过对方，然后若无其事地各自继续前行。辰馆很感动，也很受教育：为什么我们总是说"狭路相逢勇者胜"？追求共赢、共安、共生、共存这才是大智慧！动物做到了，人，做到了吗？

在这里插播了这样一段小故事，看似离题万里，实则内有深意——这就是印度以及印度人的处世哲学与生活态度：顺其自然、随遇而安、淡泊从容、和谐共处。这种处世态度与生活哲学在参观印度国博时随处可感、可见。

印度国博展厅

笈多王朝陶器和中世纪早期艺术展厅

印度国博一共有多少个展厅？说老实话，辰馆最终也没弄清楚，在里面参观感觉始终都像是走在迷宫中一般。推开任何一扇门，里面都有可能是个展厅，而且展厅里面还套着展厅，并且这些展厅之间有的连通，有的不连通，如同一座八卦阵。

按馆方宣传小册子的介绍，印度国博共有哈拉帕（Harappan）文明、孔雀（Maurya）王朝、巽*加（Shunga）王朝、贵霜（Kushana）王朝、青铜器、印度细密画（Miniature）、钱币、手稿、中亚古物、珠宝、西方艺术等约37间展厅。而要想把这些展厅全部走马观花地看一遍，至少需要一天的时间。而要想认认真真、仔仔细细地全部看上一遍，恐怕没个半月一月是看不过来的。

印度国博的37间展厅分别分布在G层（Ground Floor，首层）、一层（First Floor）和二层（Second Floor）三个楼层。

＊巽，音同"迅"。

G层共设有13间展厅,按参观顺序依次为:

第一间展厅:哈拉帕文明

第二间展厅:孔雀王朝、巽加王朝与萨塔瓦哈纳(Satavahana)王朝艺术

第三间展厅:贵霜王朝艺术

第四间展厅:笈多(Gupta)王朝艺术

第五间展厅:笈多王朝陶器和中世纪早期艺术

第六间展厅:青铜器

第七间展厅:晚中世纪艺术

第八间展厅:佛教造像艺术

第九间展厅:印度细密画

第十间展厅:印度文字与硬币

第十一、十二间展厅:装饰艺术1—2

第十三间展厅:珠宝

另外,印度国博的图书馆和大礼堂也设在G层。

一层共设有11间展厅,按参观顺序依次为:

第一间展厅:专题展览

第二、三间展厅:手抄本

第四、五间展厅:中亚古物1—2

第六间展厅:硬币

第七间展厅:坦贾武尔(Thanjavur)绘画

第八间展厅:海洋遗产

第九、十间展厅:暂未开放

第十一间展厅:阿旃陀(Ajanta)绘画

二层共设有13间展厅，按参观顺序依次为：

第一、三间展厅：装饰艺术和纺织品

第二间展厅：前哥伦布与西方艺术

第四间展厅：铜器

第五间展厅：暂未开放

第六、七间展厅：木雕1—2

第八间展厅：乐器

第九间展厅：部族生活方式

第十间展厅：武器和盔甲

第十一、十二、十三间展厅：暂未开放

除展厅外，观众还可以：在G楼的大礼堂中观看有关印度历史、文化、艺术以及博物馆的影像资料；在入口处右边的图书馆查阅相关资料；累了、渴了或者饿了，可以去二楼的自助餐厅品尝印度特色小吃、饮料、咖啡等美食，这里有素食主义者所喜爱的各种餐品；最后，别忘了到一楼的礼品店转一转，挑选几样带有印度国博特色的纪念品留作纪念。

好啦！关于印度国博的简介就先说到这儿。接下来，我们将走进印度国博，走近世界四大古文明之一的古印度文明，去认识并感受它的博大精深与绚烂多彩。

G楼展厅分布图

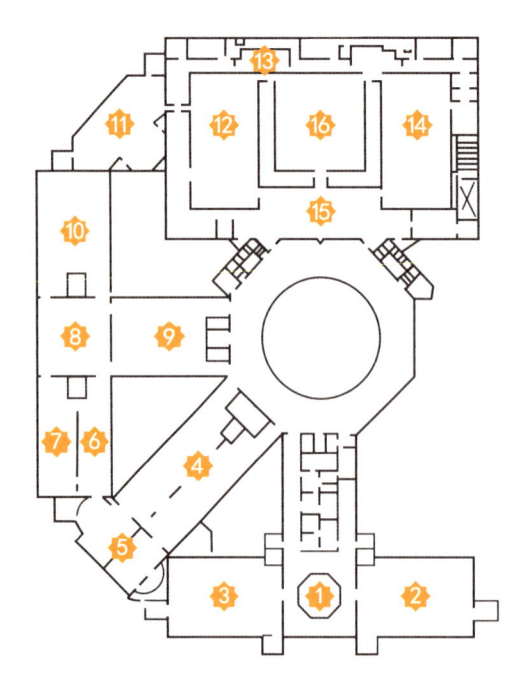

・一楼展厅分布图

・二楼展厅分布图

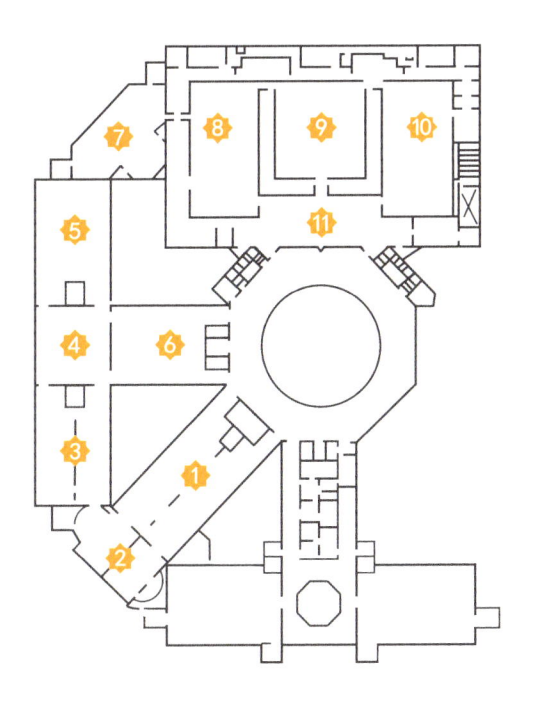

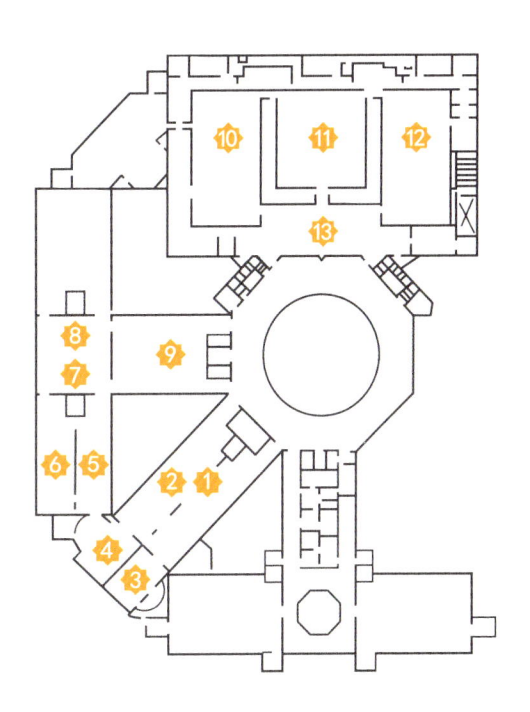

目录
CONTENTS

一、哈拉帕文明 /001

看过来！印度 4000 年前的"猛男"多彪悍 /001

印度国博镇馆之宝：青铜舞女 /015

消失在神秘纬线上的繁华都市 /019

二、孔雀王朝、巽加王朝、萨塔瓦哈纳王朝与贵霜王朝艺术 /024

阿育王石柱 /024

救人一命胜造七级浮屠，最美一级浮屠这般样 /033

2000 年前印度美女的三围，至今仍然艳压群芳 /045

世界上最早的佛像是标准的美男子 /057

世界最美佛像与佛教艺术珍宝 /084

三、笈多王朝与中世纪艺术　　　　　　　　　　　　　　/107

为什么印度的神比其他地方的神多？　　　　　　　　　　/107

梵天为何有四个头？这经历有点说不出口　　　　　　　　/114

宇宙世界的保护神——毗湿奴　　　　　　　　　　　　　/118

一场意外的婚姻变故，成就了一位宇宙超级大神　　　　　/130

一个能扫平一切的"神二代"　　　　　　　　　　　　　　/145

印度教经典典籍与经典神话　　　　　　　　　　　　　　/152

用世界上最细的笔画出来的画，真美！　　　　　　　　　/167

印度国家博物馆镇馆之宝——舞王湿婆青铜像　　　　　　/177

四、其他艺术　　　　　　　　　　　　　　　　　　　/182

印度国博部分展厅掠影　　　　　　　　　　　　　　　　/182

附：印度采风记 /201

"开挂"了的印度摩的 /202

印度后宫宫殿缘何有900多扇窗户？ /212

泰姬陵建筑中暗藏的秘密 /224

印度美女凭什么获得了五次"世界小姐"的桂冠？ /230

月光下的泰姬陵 /234

印度国家博物馆

YIN DU

GUO JIA

BO WU GUAN

一、哈拉帕文明

看过来！印度4000年前的"猛男"多彪悍

哈拉帕文明展厅一隅

哈拉帕文明展厅是印度国博最重要的展厅之一，也是参观印度国博所走进的第一间展厅，它展现了印度文明的起源——哈拉帕文明的众多文化遗存。

Hi，你听说过"哈拉帕"么？

哈拉帕？闻所未闻呢。

那你肯定听说过世界四大古代文明。

世界四大古代文明：古巴比伦文明、古埃及文明、古印度文明、中国古代文明。

四大古代文明，虽然在文字、历法、信仰、建筑、地理环境等方面各有不同，但它们有一个共同的特征——都发源于大河流域，都有一条灌溉滋养它们的母亲河：

古巴比伦：底格里斯河、幼发拉底河

古埃及：尼罗河

古印度：印度河

古代中国：黄河

《印度国家博物馆》中，我们重点说印度。

印度文明的起源

在探究印度文明起源之前，我们先来了解一下古代印度的基本概况。

● "印度"的由来

"印度"之名，源于梵语"Sindhu"一词，原意指"河流"，也指"印度河及其流域"。古波斯语将"Sindhu"的开头字母改为"h"，即"Hindhu"，词意同梵语。希腊人则干脆去掉了首字母改写成"Indus""India"等形式。之后，英语以"India"泛指印度次大陆。

印度人自称本土为"婆罗多(Bharata)"，并与国际上通用的"India"并用至今。

中国汉代时称印度为"身毒""天竺"。至唐代，玄奘法师根据当地语的发音在《大唐西域记》中将其译为"印度"。

1947年印度与巴基斯坦分治之前，"印度"一直是印度次大陆（也称"南亚次大陆"）的统称。

古代印度的地理范围主要包括了今天的印度、孟加拉和巴基斯坦。这一地区位于亚洲的南部，在地理上，它三面环海，一面接陆，形成了一个倒三角的半岛形状。而其唯一接陆的一面又被连绵高耸的喜马拉雅山脉、兴都库什山脉等一系列无法逾越的天然屏障把它与亚洲大陆分隔开，形成了一个近乎封闭的区域，地理学上称之为<u>南亚次大陆</u>。

● 印度河

印度河，一条自北向南流向的河流，发源于中国青藏高原冈底斯山冈仁波齐峰北坡。它先向西北穿克什米尔高山深谷，再向南折流入巴基斯坦，最终经海德拉巴注入阿拉伯海。

印度河，全长约2900—3200公里，流域面积约117万平方公里。良好的自然环境和丰富的物产资源，使这一流域自古便是丰饶之地，人们世世代代在这里辛勤耕作，繁衍生息。在漫长的岁月里，古印度人在此创造出辉煌灿烂的文明，留下众多的文化遗迹，为人类文明史写下了光辉璀璨的一页。

然而！上面这些话都是马后炮。在<u>哈拉帕</u>被发现之前，没有人知道这个流域曾经创造过辉煌的文明，更没有人知道它会改写古印度的文明史。

小知识

1. 半岛：指陆地的一部分伸入海洋，另一部分与陆地相连的地貌状态。特点为三面环水一面接陆。世界著名的半岛有阿拉伯半岛、亚平宁半岛、尤卡坦半岛、中国的辽东半岛等。

2. 次大陆：地理学上将相对封闭的独立地理单元、其面积大于半岛且又小于一个洲的地域称为"次大陆"。故印度的地貌状态既可称作"印度半岛"，也可称作"印度次大陆"。专业角度以"印度次大陆"更为准确。

● 哈拉帕

曾经的史书告诉我们：

印度文明约起源于公元前1500年。原居住在中亚的雅利安人 (Aryans) 中的一支，从古印度的西北方向侵入印度。这些雅利安人征服了当地的土著，建立起一些奴隶制小国，确立了种姓制度，兴起了婆罗门教，建立了吠陀文明体系……成为印度文明的发端。

事实是这样吗？

随着20世纪二三十年代，一些重大考古发现在印度河流域上游的哈拉帕以及下游的摩亨佐·达罗（Mohenjo-daro）等地区的破土而出，以往史料中关于印度文明起始年代的结论被彻底推翻。考古研究表明：哈拉帕文明是目前已知的最早的古印度文明，约发源于公元前2600年前后，距今已有约5000年的历史，比雅利安人所创建的吠陀文明还要早约1000余年。

考古学家们将哈拉帕文明的发展大致分为了三个时期：

1. 早期：公元前3500—前2600年（由早期村落文化逐渐形成早期印度河文明）
2. 中期：公元前2600—前2000年。
3. 后期：公元前2000—前1500年。

小知识

1. 雅利安人：雅利安人为中亚的印欧族人。约公元前2000年，雅利安民族分别向东西移动，向西的一支移入希腊、意大利北部；向东的一支移入波斯。约公元前1500年前后，移入波斯的一支越过阿富汗北部的兴都库什山脉的隘口，侵入印度河上游，即古印度的西北部、现今为旁遮普的地方并在此定居。他们自称雅利安人，意为"高贵的人"。

2. 吠陀文明：约公元前1500年，雅利安人侵入印度后，以武力征服了语言与信仰皆相异的当地印度土著。之后，雅利安游牧民族的信仰逐渐演化形成吠陀教。梵语"Veda"，意为"知识"，汉译为"明、智、明智"等。约公元前9世纪，雅利安人的吠陀教演变为婆罗门教。至约公元4世纪，在婆罗门教的基础上又发展出印度教（Hinduism）。吠陀教对后世的婆罗门教、印度教的形成有重大影响。印度的这一时期被称为"吠陀文明"时期。

由于哈拉帕是考古学家们最早发现的属于印度河流域文明的遗址，因此考古学上将这一时期印度河流域所产生的文明统称为"哈拉帕文明"。

● 哈拉帕古城

1922年前后，考古学家们在印度河流域发现并发掘出哈拉帕古城遗址。人们为眼前这座古城的规模所震惊！

古城遗址显示：这座城市大致为正方形，古城中曾有绵延5000米左右的高大围墙；有设施完善、布局合理的城市建筑；有纵横交错、交通发达的城市道路，既有十几米宽的主干道，也有盘根错节的弄堂小巷。并且，在一些主要街道上，每隔一段距离还有路灯杆为夜间的行人照亮回家的路（灯杆顶端的油灯可被点亮）。另外，整座城市还拥有十分先进的供水和排污系统，全城到处都有淡水井，众多的水井形成了一个十分便利的取水网；城中几乎每户人家都有沐浴平台、厕所和厨房；与之相适应的是城中十分完善的地下排污系统；各个住宅中专门排放污水的下水道与街道两旁的宽阔下水道相通，这些由砖砌成的下水道遍布整个城市，它能快速带走城市中的污水和废弃物，以保持城市的洁净。

难以想象吧，它，竟然是距今约5000年的古印度的城市！

毫不夸张地说，即使在今天，世界上也还有很多国家和地区的城市功能尚未达到这样的水准。

● 哈拉帕人的生活

青铜车 ①

哈拉帕时期，人们已经掌握了金属的冶炼、锻铸和焊接技术，能够用铜和青铜来制造锄头、斧子、镰刀、鱼钩等生产工具以及矛、剑等防御武器；学会了用水牛犁地；掌握了棉花种植与栽培技术；许多家庭拥有纺车，可以生产不同种类的纱、布等产品，纺织成为当时普遍的家庭手工业；有了铜质的天平、象牙制的砝码、贝壳做的刻有精密刻度的尺子；人们佩戴有精美的金、银、宝石饰品；社会上出现了阶级的分化——居住在庙宇高堂的统治阶层和居住在砖房瓦屋的平民百姓。

哈拉帕文明时期，手工业十分发达，尤其是在纺织与陶器制作方面，更是达到了相当高的水平。这一时期，人们学会了制造陶器，陶塑、素陶、彩陶等各种陶器品类繁多，种类涉及宗教、食器以及各种日常用器等。这些陶器不仅外观精巧怡人，并且还十分结实耐用。

地母神陶像

《地母神陶像》中，地母神的头上梳着美丽的发髻，脖颈上戴着粗大的项饰，腰胯间还佩戴着各种叮当作响的饰物。从这件精巧的小陶像中，我们大致可以想见5000年前哈拉帕女子的风貌，因为每一时代的艺术家们总会以社会上最美好的流行元素去塑造他们心中的神。

我们常说文物是历史留下的印迹，是当时社会政治、文化、经济、人文状态的忠实记录者，是先人传递给后人的历史密码，即便是一件很小的器物，其中都有可能暗藏着

地母神陶像

一个惊天的历史大秘密。以这件小巧的地母神像为例，它不仅反映了当时社会的宗教信仰，还在不经意间将社会的流行风尚和审美品位也一并展现了出来，让后人能够借此感受到哈拉帕时期女子的形象以及她们的审美情趣。而这个5000年前的社会的信息正是通过地母神像传递出来的。

花叶纹彩陶罐

花叶纹彩绘红陶罐　③
年代：公元前 2700—前 2000 年

细看这件花叶纹彩绘红陶罐，其色泽华丽明亮，就像是上了釉一般。再看其上所绘黑彩纹饰，整个画面构图简洁，画笔工整，明暗有致，深浅相宜，那些复杂灵动的圆圈与花叶竟像是复制出来的一样，可见当时陶匠的绘画技艺已是相当的纯熟，同时也说明当时人们的审美与创作能力皆已达到一个相当的水准。

在哈拉帕文明时期制作的彩绘陶器中，有很多类似花叶纹彩绘红陶罐中这样的圆圈＋花叶纹组成的连续纹样。据研究人员推测，这些纹样图案可能与女性生殖有关，它们可能是某些生殖崇拜的象征符号。

彩陶盆

黑绘彩陶盆　④
年代：约公元前 3000 年

这件黑绘彩陶盆无论是造型还是纹饰都制作得相当精致与精美。事实上，在原始文明时期，世界各地几乎都曾有过制作陶器的经历，但如果将年代的下限设在距今约 5000 年这条底线上，你再去看世界各地的陶器，除中国、伊朗、希腊等少数国家和地区外，能够把陶器做得像哈拉帕文明这般大气、优雅、时尚的委实不多。

古希腊彩绘陶罐　⑤

年代：公元前2800—前2300年
现藏希腊雅典国家考古博物馆

几何纹与动物纹彩陶高足杯　⑥

年代：公元前4000年
现藏伊朗国家博物馆

漩涡纹四系陶罐　⑦

年代：约公元前3000—前2700年
现藏中国国家博物馆

国宝级文物，素有"彩陶王"之称。

精美印章

哈拉帕文明遗址中出土了许多精美的印章，这些印章的材质有石、象牙、铜以及陶质等。专家们猜测这些印章可能是用于封泥、个人印章或者护身符等用途。如果这些印章是做封泥印章之用，说明5000年前的印度人在交接信、物时就已经有了保密意识，并且还颇有智慧地发明了密封技术——封泥+印章。

古时，人们为了防止物品在传递过程中被他人私拆，便用泥团黏糊在包裹物件的封口处，然后再在泥团上加盖印章，以此来防范物件被私拆的风险。假如有人在交予接收人之前打开了被传物品，那么封口处的泥团就会碎裂，印章也就不复完整且不可恢复了（太聪明）。我们今天在传递档案或者重要文件时于封口处贴上封条再加盖图章的做法就来自古人的启发。

专业上，将封在封口处的泥团称为"封泥"，而将加盖在封泥上的印章称为"封泥印章"。通常封泥印章上的图案多为阴刻，当印章钤印在封泥上时，封泥上所显示的图案就变成了凸起的阳刻状。

《吉尔伽美什》印章 ⑧
年代：约公元前2600年

哈拉帕出土的这枚《吉尔伽美什》(Gilgamesh)印章就是一枚刻有"一人单挑两只老虎"图案的阴刻印章。吉尔伽美什是约公元前2600年前后美索不达米亚乌鲁克(Uruk)城邦的一位国王。据史诗中记载，吉尔伽美什身高16英尺（约合4.87米，1英尺＝0.3048米），他曾经一人独战两只老虎（比中国的武松还多打了一只）。

那么问题来了：印度哈拉帕的印章上为什么刻画了一个美索不达米亚的史诗故事场景？

小知识

阴刻：将图案或文字刻成凹状。反之，刻成凸状就是阳刻。

答案只有一个：早在公元前2600年时（甚至更早），美索不达米亚和印度之间就已经有了相互往来，有了文化交流。果然，一枚小小的印章中就真的藏着一个历史的大秘密。

● 《瑜伽男神》印章

《瑜伽男神》印章
年代：约公元前2600年

《瑜伽男神》印章刻画了一个头戴角状冠饰、双腿盘坐的瑜伽士形象。头戴角状冠饰说明他已经被赋予了神性。

瑜伽（Yoga）是印度哲学中的一个思想派系，其本应划属于哲学范畴，但现代人常把它归于运动类。

瑜伽一词由梵语"Yuj"而来，有"结合"或"抑制"之意。印度典籍《伽特伽书》中曰：诸根调御坚定，是谓瑜伽；《薄伽梵歌》中曰：宁静即瑜伽；《瑜伽经》中曰：心之机能抑制是为瑜伽。可见，瑜伽是一种修行。人们通过做瑜伽进行自我修心、修性、修身等修行，从而达到"梵我同一"的境界而得到最终的解脱。

什么是"梵我同一"？

梵，指宇宙的本原、本质，宇宙的灵魂；我，指个体（人）的灵魂、精神；印度教认为宇宙的本原和个体的灵魂是同一不二的，也即"梵我同一"。"我"来源于"梵"，与"梵"同一、同体。"梵"是"真、知、乐"三位一体的最高存在，而"我"则在"幻"的作用下、在业力的支配下轮回不已。"幻"只是人因"无明"（原初妄念）的蒙蔽，把虚假当作真实，因而随业流转，轮回受苦。如果认识"梵""我"本来同一同体，真实不虚，无来无去，自在永存，就可以使"我"脱离幻业的束缚而升华到与"梵"同质同位的境地，这就是"梵我同一"。（听上去是不是觉得有些费解、深邃难懂？哲学就是这样，很多时候它很难用语言完全表述清楚，需要靠自觉、自悟。就如同"佛祖拈花一笑"中的禅意，只能悟道却难以言表。）

印度人不仅在思想体系上创建了"梵我同一"的理念，他们还身体力行地去证实这个理念(思想)的存在性。亲证"梵我同一"是印度人追求灵魂解脱的最高境界,并由此产生了瑜伽等修行方式。实际上,无论是瑜伽、苦行还是其他修行方式,都旨在说明在过程中获得觉悟的重要性。《西游记》中唐僧去西天取经的故事所要表达的也正是这个寓意——"经历过程,取得真经"。事实上,以佛祖之法力把经书直接送给唐僧实在是太简单的事了,根本不需要唐僧师徒万里迢迢跑到西天去取。但是,佛祖非但没有把书直接给到唐僧手里,反而还为唐僧师徒设计了九九八十一难的取经之路,且难难险象环生却又都有惊无险(本来就是设计好的剧本),其目的就是要告诉众人"只有经历磨难,才能取得真经"的道理。而这个磨难的过程便是"修行"。

说了这么一大堆,你悟出什么是"梵我同一"了吗?

动物纹刻符印章　⑩
年代:公元前25—前20世纪

虎纹刻符印章　⑪
年代:公元前25—前20世纪

🔶 《男性躯干》石像

《男性躯干》石像
年代：公元前 3000 年
出土地：哈拉帕

⑫

哈拉帕文明时期，人们在制作了大量生产与生活用品的同时，还饶有兴致地制作了许多颇有雅趣的工艺品与装饰品。这件石灰石《男性躯干》石像便是其中之一。尽管它只有 9.2 厘米高，但却给人一种与真人 1:1 等比例塑像的感觉。

这种类似《男性躯干》的小雕塑在哈拉帕文明展室中为数不少，它们看上去就像是随手捏就的小玩意儿。但您可千万别轻看了这些小东西，因为相对说来，艺术品越小，制作难度越大，作者想表达的主题思想的难度也就越大。"小中见大"一直是雕塑家们追求的艺术境界之一，这其中所"见"的就是功力。

从艺术特点看，这件《男性躯干》有着匀称的比例、结实的躯干、挺拔的身姿、发达的胸大肌、微凸的将军肚，名为《男性躯干》实在是太贴切了。有研究者把它与古希腊的写实主义雕塑进行比较，认为哈拉帕人所塑造的精准、生动的人体塑像完全可以媲美古希腊人体雕塑，甚至有人猜测这些小雕像很有可能就来自地中海世界。不过，也有研究者对此持不同观点，认为它们百分百是印度人自己的作品，因为这些小雕像的魅力主要来自它们自身躯体所表现出来的动感活力，而不是像古希腊雕塑那样的解剖学上的精确。人们可以通过它凹瘪的肋部和凸出的腹部联想到印度瑜伽中的调息状态，也即控制呼吸的动作。而展现这种呼、吸的状态正是印度艺术家所特有的一种表现雕像生命力的传统手法。

《舞蹈男性躯干》石像

《舞蹈男性躯干》石像
年代：公元前3000年
规格：高10厘米
出土地：哈拉帕

这件小巧的《舞蹈男性躯干》石像塑造了一位正在翩翩起舞的男子形象。尽管他的手臂已缺失，但人们仍能从其动感十足的身形中感受到他欢乐的情绪。

哈拉帕小雕像的制作通常是先分别制作头部、肢体和躯干，然后再通过卯眼组装在一起。在《男性躯干》和《舞蹈男性躯干》石像的颈部处都留有明显的卯眼结构。

从《男性躯干》和《舞蹈男性躯干》等哈拉帕时期的小雕像中，我们不难发现，它们都有一个共同的特点——小巧且散发着健康、快乐、悠然、自在的气息。或许我们可以从中得出这样的结论：哈拉帕时期的人们生活安逸，幸福指数普遍较高。因为历史一再证明：有什么样的社会环境，就会有什么样与之相对应的作品产生，艺术作品反映了时代的风貌。以中国南北朝和唐朝时期的佛像为例：南北朝的佛造像大都是"秀骨清像"（眉清目秀、削肩瘦体），而唐代的佛造像则端庄圆满，体态丰腴，这与南北朝时期崇尚士大夫的清雅飘逸以及唐代以胖为美的时代风尚有着密切关系。祥和、繁荣的社会环境会产生明快、积极的作品，反之则会呈现出扭曲与压抑的作品。

石雕佛坐像 ⑭
年代：公元 386—534 年（中国北魏）
材质：石
出产地：中国山西大同云冈石窟
现藏中国国家博物馆

石雕菩萨坐像 ⑮
年代：中国唐代
原于山西太原天龙山石窟第 21 窟
现藏中国国家博物馆

印度国博镇馆之宝：青铜舞女

① 作为印度国博镇馆之宝之一的《青铜舞女》，从"她"一出世便备受专宠。

青铜舞女
年代：公元前 2700 年
材质：青铜
规格：高 10.5 厘米，宽 5 厘米，厚 2.5 厘米
出土地：摩亨佐·达罗（印度河文明区域）

在参观印度国博之前，这件声名远播的镇馆之宝《青铜舞女》对辰馆来说早已是如雷贯耳。因此，当辰馆一踏进哈拉帕文明展室后便迫不及待地四处寻找"她"的身影。但结果令人很失望，在辰馆第一轮的扫视过程中竟然没有找到它。辰馆心里有些懊丧，心想"完了，这回赶上轮展了"。藏品轮展是博物馆常用的展陈方法，即不会把所有的镇馆之宝或馆藏重器同时展示出来，而是每次仅展出其中的一个或几个。也就是说，如果你想把该馆的重要藏品都看一遍，那至少意味着你不止来一次，并且时间上很可能需要持续几年甚至几十年。以北京故宫博物院院藏陶瓷器类文物为例，故宫所藏陶瓷器文物约36万余件，其所属陶瓷馆展厅全部展陈品的容量约1000件，若按每半年轮换一批展品的频率进行计算（实际上大部分展品的展期都是几年不变），要想全部轮展一遍需要180年，呃！都到下辈子了。因此，通常情况下，展览的策展人在策展时都会重点选取一些重要的、有代表性的藏品进行固定展览，然后再在展览期间不定时地更换其中的一些重器，以满足观众对于馆藏重器的观赏需求。因此，这次在印度国博没有找到《青铜舞女》时，辰馆马上想到它可能是轮休了。

不过，辰馆多少有些不甘心，或者说是不死心，于是决定去找工作人员问问情况。

当工作人员径直把辰馆带到"她"的面前时，辰馆惊呆了：天哪！"她"竟然这么小，小到几乎一合掌就能把它包起来，难怪走过路过会错过。辰馆原以为至少是一尊几十厘米高的青铜像，没想到却是这样一个纤细苗条的女子，最关键的是它竟然混在一众展品中（如图②）。按照惯例，重要的展品通常都有自己单独的展柜，并且特别重量级的展品还会放在非常醒目的位置，以示其鹤立鸡群的地位，这样做的目的至少是让参观者不至于错过珍贵重器。经常参观博物馆的"博粉"都有这样的经验：展厅里那些"金鸡独立""一夫当关"的重点展柜需要多加注目，仔细观赏，细心品味。然而，没想到这经验在印度国博却失灵了，险些与国宝失之交臂。当然，馆方这样做的目的也有可能是出于对文物安全的考虑。

第一眼看见这件《青铜舞女》，辰馆就喜欢上了"她"。先不说它是距今约5000年的历史遗物，单说"她"的形象气质就是那么的招人喜爱，令人心仪。你看"她"，发型时尚，面带俏皮，一手执腰，另一手握着舞具并且很自然地垂放在微屈的腿上，完全看不出有即将登场的紧张状态。相反，"她"却是神态怡然，自信满满，甚至还有点儿满不在乎的样子。"她"

《青铜舞女》展柜 ②

的整个身体都散发着朝气蓬勃的青春活力。"她"的相貌具有典型的印度土著居民的人种特征：大眼，扁鼻，下唇较厚，凸颌，肤色深。据猜测，《青铜舞女》可能是表现了当时宗教活动中舞蹈者的形象。

另据考古学家们猜测，《青铜舞女》之所以制作得这么小巧玲珑，很可能是当时人们所喜爱的一种饰物挂件，类似于我们今天的时尚潮人挂在手机、钥匙环或者背包上的小饰物一样。真若如此，说明5000年前的印度人在生活情趣上已经有了相当高的追求。

尽管《青铜舞女》历史悠远，造型灵动，风情别具，但若仅凭这些就能位列印度国博镇馆之宝行列，这门槛似乎有点儿低了。

先不急着说印度国博镇馆之宝的入选条件，咱先看看入选中国国宝级文物的标准有哪些。

2001年中国文化部颁发了《文物藏品定级标准》，其中关于"国宝级"文物的标准是这样规定的：

> 文物藏品分为珍贵文物和一般文物。珍贵文物分为一、二、三级。具有特别重要历史、艺术、科学价值的代表性文物为一级文物；具有重要历史、艺术、科学价值的为二级文物；具有比较重要历史、艺术、科学价值的为三级文物。具有一定历史、艺术、科学价值的为一般文物。
> ……

尽管上述标准针对的是中国文物，但世界各国文物的定级标准也都相差不多。我们不妨先照此标准给《青铜舞女》量量身。

《青铜舞女》傲视群芳的自身优势：

1. 是迄今为止，出土于哈拉帕文明时

期青铜雕像中屈指可数的几件完整雕像之一，乃稀世之宝。

2. 出产于公元前2700年左右，在同时期的世界其他文明中尚未出现艺术水平出其右者，包括古埃及在内，也未出现艺术气息如此灵动的青铜佳作。

3. 体量非常小。体积越小，工艺难度越大。

4. 是哈拉帕时期罕见的人像文物。"她"的相貌、发型、佩饰、体型乃至形象都是研究哈拉帕时期以及人类文明的重要依据。

5. 舞女的出现，表明当时的社会文化已达到一定的文明程度。

6. 哈拉帕文明遗址中的哈拉帕与摩亨佐·达罗现位于巴基斯坦旁遮普境内，印度方面想通过考古再获取相关文物的概率甚低。

7. 是印度河文明已进入青铜时代的证据之一，是一个文明时代跨入另一个文明时代的物证。

综上可见，《青铜舞女》对于研究当时历史条件下的社会生产力、生产关系、社会文明、文化艺术以及科技水平等都有着举足轻重的重要意义，完全符合"具有特别重要历史、艺术、科学价值的代表性文物"之标准，当属"一级文物"。由此，它被列入印度国博镇馆之宝行列也是实至名归，毋庸置疑。

小知识

1. 印度人种：印度素称"人种博物馆"，意思是说现在的印度民族中包含的人种较多。印度原始的土著民族是达罗毗荼人，可能属于澳大利亚人种或尼格罗人种；之后，从印度西北部进入印度的雅利安人，可能属于高加索人种，也即"欧罗巴人种"。欧罗巴人种（高加索人种）是世界三大人种之一。主要分布于欧洲、西亚和北非，美洲和大洋洲的人口中也有相当的比例。其主要特征为褐色皮肤、身材高大、体毛发达、波形发和略带凸颌。（世界三大人种：蒙古人种、欧罗巴人种、尼格罗人种。中国人绝大部分属于蒙古人种。）

2. 青铜时代：在人类技术发展的阶段中，广泛地铸造和使用青铜器（工具）的时代，在考古学上被称为"青铜时代"。它介于铜石并用时代和铁器时代之间。几乎所有古老文明的起源与进步都遵循了制造石器——陶器——铁器这样一个过程。

消失在神秘纬线上的繁华都市

北纬30°，一条神秘的纬线

在哈拉帕展厅中挂有一张世界四大文明古国的地理及文化年代图，从中我们可以很明显地看到四大文明古国处于相近的纬度区域——北纬30°。

如果以北纬30°为线，你会发现这条纬线上串起了这些国家：摩洛哥、阿尔及利亚、埃及、以色列、沙特、伊拉克、伊朗、阿富汗、巴基斯坦、印度、尼泊尔、中国、墨西哥、美国等。而其中的一些国家产生过早期的人类文明，因此，人们说北纬30°区域是"人类早期文明的摇篮"。

北纬30°是什么概念？

说这个问题之前，我们先来看什么是纬线、纬度。

纬线，原为纺织专用词，指织布时用梭穿织的横纱，谓之"纬纱"或"纬线"（其中的竖线为"经纱"或"经线"）。之后该专用名词被用来泛指所有由横向与竖向编织所形成的物品中的横线，如麻袋中的横线、草席中的横条，甚至是栅栏中的横杆都可以叫作"纬杆"（很少有人这样用）。

🔺 地理学上的纬度

地理学上为了确定某一点在地球上的方位，借用了纺织中经纬线的概念，在地球仪或地图上人为地画出了一些横线和纵线作为坐标线，并同样以纬线和经线对其命名：将地球上与赤道平行的线称为纬线，将连接南北极并与赤道垂直的线称为经线。

同时，地理学上又将经、纬线做了进一步划分：

1. 纬度： 地球上与赤道平行的方向（东西方向）谓之"纬"，从赤道向南北两极量度，即"纬度"。规定：以赤道为"0°"纬度，然后向南、北（极）各划分出90等份，每份为1°，即北极为"北纬90°"，南极为"南纬90°"，中间区域按所在等份分别为北纬1°、北纬2°……南纬1°、南纬2°……以此类推。北纬、南纬分别以英文字母N、S表示。

2. 经度： 同样，经线也被做了等分。规定：以通过英国首都伦敦格林尼治天文台（Royal Greenwich Observatory）原址的经线为0°经线。从0°经线起，向东、西各分作180°。0°经线以东为东经，度数逐渐增大至东经180°；0°经线以西为西经，度数也逐渐增大至西经180°；最终东经、西经重合在一条经线上，即180°经线。180°经线和0°经线连在一起形成一个闭环的圆圈。东经、西经分别以英文字母E、W表示。（实际上，地球上任何一条东经X度经线和西经180－X度经线连在一起都是一个闭环圈，反之任何一条西经X度经线和东经180－X度经线连在一起也是一个闭环圈。）

由此，地球上任何一点的位置，都可以用经纬度标示出来。例如：

埃及金字塔：
北纬30° 0′ 54.01″
东经31° 12′ 37.59″
巴基斯坦哈拉帕*：
北纬30° 37′ 52.18″
东经72° 52′ 5.71″

经纬网

---

*1947年印巴分治后，哈拉帕归属在巴基斯坦境内。

伊朗波斯古城帕萨尔加德：
北纬30°11′25.45″
东经53°10′32.32″

伊拉克巴格达：
北纬33°18′46.10″
东经44°21′41.36″

中国长江流域：
长江流域的纬度范围在北纬26°—北纬32°之间，它就像是一条龙缠绕在了北纬30°这条纬线上。（长江流域，中华文明的发源地之一）
……

于是，人们惊奇地发现，世界历史上那些最伟大的人类文明的发源地竟然大多都处于北纬30°附近。并且埃及的金字塔、印度的哈拉帕、伊朗（波斯）的帕萨尔加德几乎就在同一个纬度上：北纬30°。

北纬30°，一条待破解的神秘纬线。

位处北纬30°神秘纬线上的哈拉帕古城没有让印度人民失望，它以文明年代至少起步于公元前2600年的物证事实将印度文明的历史上溯到了距今约5000年之远，并因此使古印度跻身世界四大文明古国之列。

又或者说，是因为哈拉帕古城（印度河文明）的发现，才使世界上有了四大文明古国之说。

哈拉帕文明在经过公元前2600—前2000年将近600年的繁盛期后，于公元前2000年后开始衰落，直至公元前1500年前后莫名消亡。

神秘消失的哈拉帕城

哈拉帕城不明原因地突然消亡了。

一个曾经如此繁荣的城市，为什么会突然毁灭了呢？

关于哈拉帕城毁灭之谜，科学家们提出了种种不同的解释，其中比较有影响的有"外族入侵说""环境变化说""大爆炸说"等。每种说法似乎都有一些根据，但每种说法似乎又都没有充足的证据。

1. 外族入侵说

其证据是在城市的遗址中发现了许多遗骨，看上去他们生前好像是被杀害的。然而，这一说法却存在着一些疑点：入侵者的目的是什么？考古学家们在遗址中的尸骨上找到了手镯、戒指等首饰，而且在城市的其他地方也发现了堆积的珠宝。为什么入侵者只是杀死了当地的居民却没有掠夺他们的财富？

2. 环境变化说

地质与生态环境的变化导致了哈拉帕城的毁灭。考古发现，在城市附近有一个地震中心。可能是一场大地震导致了印度河的河床改道与河水泛滥，暴发的洪水摧毁了城市，淹死了居民。然而这种说法也存在着明显的漏洞，因为若城市遭遇洪水侵袭，城内居民的尸体会随洪水漂流到下游，而不会留在城中的房屋或街道上。另外，如果城市曾被洪水吞噬，则必然会留下一些痕迹，比如城墙和房屋被冲毁，城市中有聚集的泥沙等，但是哈拉帕城完全没有这些痕迹。

3. 大爆炸说

这种说法的根据是古印度史诗《摩诃婆罗多》（*Mahabharata*）*中的相关记载。在这一古老的文献中，曾有过这样的描述："空中响起几声震耳欲聋的轰鸣，接着是一道耀眼的闪电。南边天空上一道火柱冲天而起，比太阳更耀眼的光把天割成两半，空气在剧烈燃烧，（高温使）

---

*《摩诃婆罗多》：印度古代史诗，成书时间约为公元3世纪至公元5世纪。详见《印度教经典典籍与经典神话》。

池塘里的水沸腾起来，煮熟的鱼虾从河底翻了起来。地面上的一切东西，房子、街道、水渠和所有的生命，都被这突如其来的天火烧毁了，四周是死一般的寂静……"学者们认为这些描述记载的是当时发生的一场十分剧烈的大爆炸，正是这一突发事件使城市遭受了灭顶之灾。在实地的考古发掘中，也确实发现了相关的佐证。在古城遗址中有一个十分明显的爆炸点，这一区域大约有1平方千米，如果是在这个范围内发生爆炸，所有建筑物都会化为乌有。根据发掘出的一些黏土烧成的碎块推测，爆炸中心燃烧的温度高达1.5万度。学者们甚至认为，这一爆炸点周围的情况和原子弹爆炸后的情形十分相似，这又引出了另外一个疑问：究竟是什么原因导致了如此剧烈的一次大爆炸呢？

至今，关于哈拉帕城突然毁灭的原因，科学家们仍未能给出确切的答案。但有一点是肯定的：这里曾经有过一个灿烂的文明，它毁于一瞬间。

"哈拉帕遗址"的发现被列为20世纪世界十大考古发现之一。

小知识

伦敦格林尼治天文台原址： 本初子午线(prime meridian)是地球上经度度量的起始经线。世界各国曾经以通过各自首都的经线为本国的本初子午线，以致不同国家的地图无法拼合。1884年，国际经度会议决定，以通过英国伦敦格林尼治天文台的主要子午仪的经线为世界各国共同的本初子午线。后格林尼治天文台于1953年因原址城市化迁至伦敦东南72公里的赫斯特蒙苏(Herstmonceux，东经0°20'25")。故原伦敦格林尼治天文台地址被称为"原址"。

二、孔雀王朝、巽加王朝、萨塔瓦哈纳王朝与贵霜王朝艺术

阿育王石柱

> 穿过哈拉帕文明展厅,接着就走进了孔雀王朝、巽加王朝与萨塔瓦哈纳王朝艺术展厅。该展厅展示了公元前3世纪至公元1—2世纪期间孔雀王朝、巽加王朝与萨塔瓦哈纳王朝时期的众多陶器与石刻遗珍。
>
> 说到印度的孔雀王朝,大概除了印度本国人或历史爱好者外,了解它的人并不多。而说到佛教,则是尽人皆知。佛教原本是印度的本土宗教,但后来却成为世人皆知的世界三大宗教之一,其中的原因就与孔雀王朝有关。
>
> 在参观孔雀王朝、巽加王朝与萨塔瓦哈纳王朝艺术展厅前,我们先来了解一下有关佛教以及孔雀王朝的概况。

佛教

众所周知,佛教起源于古印度。

约公元前460年,印度北部的小城邦国迦毗罗卫国的国王净饭王喜得一位小王子,取名:乔达摩·悉达多。

身为王子的悉达多一直过着富裕豪奢的生活。生活上的无忧无虑并没有使悉达多感到快乐，相反他却总是心事重重，常常陷入对生老病死以及宇宙与人生根本问题的不解与思索中。他为此沉默寡言，苦思冥想。

29岁那年的一个寂静深夜，悉达多王子悄然离家出走。

此后约六年，悉达多历经各种苦行与修行，终于悟道成佛。他被人们尊称为"释迦牟尼佛"（悉达多出身于释迦族，"释迦牟尼"意为"释迦族的圣人"）。之后，佛在恒河流域传道数十载，度化世人无数。

尽管如此，佛在世时佛教也只是在印度本土内传播，并未传播到印度之外的地区，是印度的本土宗教。直到孔雀王朝时，佛教才逐渐被传播到了世界各地。

孔雀王朝

孔雀王朝的建立首先得从波斯帝国阿契美尼德王朝大流士一世（Darius Ⅰ）征服印度河流域这段历史说起。

公元前518年，波斯帝国的大流士一世在征服了印度河流域后，便将印度的西北部划归为波斯帝国的一个行省。之后，公元前327—前326年，马其顿王国的亚历山大大帝（Alexander the Great）吞并了波斯帝国，然后又一路东征至印度西北部。至此，印度西北部落入到亚历山大的统辖中。

约公元前321年，北印度比哈尔（Bihar）南部摩耶陀国孔雀族（饲养孔雀的家族）的王子旃陀罗·笈多赶走了盘踞在印度西北部的马其顿人（希腊人），推翻了原摩耶陀国难陀王朝的统治，建立起孔雀王朝。

约公元前185年，孔雀王朝的末代帝王布里哈德拉塔（Brihadratha）被其部下普士亚密多罗·巽加（Pushyamitra Shunga）弑杀，随后孔雀王朝被巽加王朝取代，孔雀王朝就此落幕。

孔雀王朝是印度历史上最昌盛的王朝，也是印度历史上第一个统一的大帝国。

阿育王

在孔雀王朝之前，佛教一直是印度的本土宗教。但是到了孔雀王朝后期，佛教就像是突然有了一个强大的推手，使它迅速在海外传播开来。这个推手就是孔雀王朝的第三代帝王阿育王（Ashoka）。

阿育王为什么要将佛教弘扬远播到印度以外的世界？说来话长……

阿育王（公元前272—前231年在位），孔雀王朝的第三代帝王，旃陀罗·笈多的孙子。

阿育王统治时期，政权强大，国力昌盛。通过大规模的武力征讨，当时整个南亚次大陆除一小部分外全部都囊括在了孔雀王朝的版图之内，国土面积达到了最大化。阿育王第一次全面统一了印度，缔造了强大盛极的孔雀帝国，成为印度历史上最伟大的帝王。

然而，阿育王的伟大并不仅仅在于他开疆拓土所建立的卓越功勋，更重要的是他对佛教的贡献。阿育王与佛教的渊源是其伟大且传奇一生中最光芒耀眼的亮点。

但是，如果你因此就认为阿育王是一个温良亲民的统治者，那你就大错特错了。真实的阿育王曾经是一个十足的恶魔。

史书中记载的阿育王曾经是一个杀人嗜血、残暴酷虐的暴君。传说：他为了夺取王位，曾杀死了自己99个同胞兄弟；曾建造了骇人听闻的"人间地狱"，设立了"下油锅""锯裂"等惨绝人寰的酷刑；他甚至还在全国范围内公开海选地狱长：谁最酷虐，谁就可以当选人间地狱长……他四处征战，烧杀劫掠，所到之处，尸横遍野，活脱就是一个十恶不赦的暴君。

公元前261年，阿育王征讨南印度羯陵伽（Kalinga）王国获得大捷，并最终完成了印度统一大业。面对10万人被杀、15万人被俘、血流成河、伏尸成山的惨烈场面，阿育王被震惊了！那一刻，他心底里的佛性被唤醒，善根被激发。从此，他放下屠刀，皈依佛门，并彻底改变了统治策略，重新制定了以仁爱慈善为本的治国纲略。

在阿育王的后半生中，他竭力弘扬佛法，宣传佛教，并将佛教定为国教。他建造了

84000座佛塔和几十根纪念石柱，并将佛教教义、佛陀学说广泛刻于佛塔、寺院、石柱以及岩石峭壁上，供大众瞻仰与学习。他大规模派遣佛教使团前往东亚、西亚各国传播佛教，足迹遍及中国、叙利亚、斯里兰卡、缅甸、泰国以及印度尼西亚等国，为印度佛教传向世界做出了巨大贡献。正是由于阿育王后半生殚精竭虑地弘法执著，才使得佛教从一个原本流传于印度本土的宗教最终成为一个世界性的宗教。其本人也因此成为世界文明史上名传千古的伟人之一。

在孔雀王朝、巽加王朝与萨塔瓦哈纳王朝艺术展厅中，我们可以观赏到大量有关佛教内容的石柱、石塔门楣等石刻作品。这些作品多以佛陀的生活场景或生前故事为题材，内容生动，雕法细腻，是这一时期石刻艺术的杰出代表。

萨尔纳特狮柱头

放下屠刀后的阿育王变身为一个虔诚的佛教徒。为弘传法音，诏谕民众，阿育王在帝国所辖各交通要道、佛教圣地等重要地点建立了约30根纪念性石柱，即著名的阿育王石柱（Ashoka Pillars），并在石柱上镌刻了自己的丰功伟绩。从这些铭文中我们大致可以了解到阿育王统治以及弘法的概貌。

阿育王石柱每根高约10米，柱身全部由一整块砂石雕凿而成，且整根石柱都被打磨得明亮光滑。高度抛光是孔雀王朝石雕艺术独有的特色，其工艺可能是采用了先细砂打磨再以布或动物毛皮抛光的技术。石柱的柱头由座托、台基和顶端的动物雕像三部分构成（图①），它们同样也是由一整块砂石雕刻而成。

萨尔纳特狮柱头（Lion Capital at Sarnath）是阿育王石柱柱头中最著名、最精美的一个。其原石柱高约12.8米，现柱身已断，柱头部分相对保存完好。

萨尔纳特狮柱头的座托是一个倒垂的莲瓣形，表明了佛教要素。柱头中间是一个圆形台基，台基周圈装饰有狮子、大象、瘤牛和骏马四种神兽浮雕，其中每两个神兽之间以法轮相隔。狮子、大象、瘤牛和骏马在印度传统文化中分别代表了宇宙的四个方位：狮子——北方，大象——东方，瘤牛——西方，骏马——南方。台基以此四种神兽装饰，寓意佛法传遍宇宙四方。柱头最顶端的动物雕像是四只背靠背蹲踞的雄狮形象，它们狮眼圆睁，髭须上翘，浑身皮毛猎猎招展，呈现出一副威风凛凛的气势。狮子在印度被尊为百兽之王，同时它也被用来表示对杰出人物的尊称，如释迦牟尼佛就被尊称为释迦族的狮子。此处将四只狮子的雕像置放在柱头顶端的位置，一方面体现了尊佛之意，另一方面也寓意着佛陀的教诲如狮吼般警醒世人。

阿育王时代之前，印度的雕刻艺术以木雕见多，虽然也有一些石雕作品，但多以小品为主，如哈拉帕时期的《男性躯干》小雕像等。到了阿育王时代，各种大型石刻作品如雨后春笋般涌现出来，如阿育王石柱、《药叉女》石像等。究其原因，主要是波斯人与希腊人侵占印度河流域后，波斯文化与希腊文化相继渗入到印度西北部并逐渐对该地区的文化产生影响，进而又影响到印度的内陆地区。对于波斯帝王高大富丽的石造宫殿（行宫）、希腊人精美细腻的石刻雕像，

萨尔纳特狮柱头（复制品）
年代：约公元前 242 — 前 232 年
规格：柱头高 2.13 米
出土地：印度萨尔纳特（Sarnath）

孔雀王朝的帝王们一见倾心、羡慕不已。至阿育王时代，阿育王一改往昔木造宫殿的建筑传统，换以石材修建宫殿，并以波斯阿契美尼德王朝的宫殿为样板，采用了高大的石柱结构，并且还将阿契美尼德宫殿中的石柱、石雕等装饰形制有模有样地学了过来（如图②）。正因如此，阿育王时代涌现出了众多具有波斯风格、希腊化特质的石刻艺术品，且在体量上也远比之前时代的石刻作品要大得多，此两点是孔雀王朝区别于之前历史时期艺术品的一个显著特征。

自阿育王时代起，石刻艺术开始在印度蓬勃发展起来，在这一时期，岩洞（壁刻）、石柱、石盘等各种（巨石）石刻作品层出不穷，成为阿育王时代以及印度古代艺术的一个高光时代。同时，自阿育王时代起，建筑材质逐渐从木质结构转向了石质结构。

图②中就是波斯帝国阿契美尼德王朝的波斯波利斯（Persepolis，地名）宫殿群遗址。阿育王石柱就像是其立柱的简化版。

鉴于阿育王王朝在印度历史上无可替代的重要地位，以及阿育王石柱所蕴含的深刻寓意，1950年，"萨尔纳特狮柱头"被确定为印度国徽图案，成为印度民族自信、勇敢和力量的象征。而柱头台基上的法轮图案则成了印度国旗图案的重要组成部分。

萨尔纳特狮柱头，1904年出土于印度北方的萨尔纳特，并因此而得名。其原件现藏萨尔纳特考古博物馆。萨尔纳特（印地语发音），印地语"鹿园"之意，因该地经常有野鹿出没，中文译作"鹿野苑"，是佛教四大圣地之一。

顺便说，萨尔纳特考古博物馆收藏有两件极为珍贵的文物，一件是前述的萨尔纳特狮柱头，另一件是迄今为止所发现的释迦牟尼佛最早的塑像。两件文物都是印度最珍贵的国宝级文物。

或许是因为萨尔纳特狮柱头太珍贵、太重要了，为了弥补部分观众不能前往鹿野苑参观的遗憾，印度国博在孔雀王朝、巽加王朝与萨塔瓦哈纳王朝艺术展厅展示了它的复制品。

阿育王石柱是孔雀王朝最珍贵的文物之一，也是阿育王统治时代的重要标志物。

波斯帝国阿契美尼德王朝的波斯波利斯宫殿群遗址

②

萨尔纳特狮柱头

小知识

佛教四大圣地：

1. 佛诞生之地。蓝毗尼（Lumbini）：相传为释迦牟尼的诞生地。地处古印度拘利和迦毗罗卫之间，在今尼泊尔境内靠近印度边境的小镇罗美德（Rummindei）旁，据说原是善觉王为其夫人蓝毗尼建造的一座花园。据佛教典籍记载，迦毗罗卫国净饭王的夫人摩耶产期临盆，按当地习俗回母亲家分娩，途经蓝毗尼时，在一棵娑罗树下生下太子悉达多。

2. 佛悟道之地。菩提伽耶（Buddhagaya）：相传为释迦牟尼得道成佛处。在古印度摩揭陀国尼连禅河（Nairanjana）西岸、今印度比哈尔邦伽耶城南约10公里处。

3. 佛初转法轮之地。鹿野苑（Mrgadava，也写作 Sarnath）：相传为释迦牟尼在菩提伽耶得道成佛后第一次说法（初转法轮）的地方。古属中印度波罗奈国，在今印度北方邦贝纳勒斯西北约7公里处。据佛典载，释迦牟尼得道成佛后，来此为第一批五位弟子宣讲佛法，从此佛教具足**佛**、**法**、**僧**三宝。由于鹿野苑既是佛祖"初转法轮"（说法）之地，又是佛家三宝"佛、法、僧"三位一体的诞生之地，故而在佛教史上有着极为特殊的地位，成为佛教四大圣地之一。

4. 佛涅槃之地。拘尸那迦（Kusinagara）：相传为释迦牟尼涅槃处。古印度末罗国的都城。在今印度北方邦格拉克普县凯西郊外。

救人一命胜造七级浮屠，最美一级浮屠这般样

"

"救人一命，胜造七级浮屠"这话你肯定听过，甚至还可能说过。但若要深究其意：什么是浮屠？又为何是"胜造七级浮屠"？想必就不是每个人都能说出个所以然来了。

什么是浮屠？"七级浮屠"又是什么样？

在孔雀王朝、巽加王朝与萨塔瓦哈纳王朝艺术展厅中，就展示有早期浮屠的遗珍以及世界上最古老的佛塔建筑上的珍贵遗宝。

浮屠，梵文"Buddha"的音译，早期意为佛陀，后期有佛塔之意。

在古印度，塔是一种宗教建筑，印度的佛教和耆那教都建有塔状建筑物（本文重点说佛塔）。

古印度最初的"塔"的形状很像我们现在说的坟包，梵文称"Stupa"，中文译作"窣堵波"，是一种半圆形覆钵式冢（形似倒扣的碗），意为埋葬圣者遗骨或遗物的坟冢。窣堵波不是普通的坟墓，其专指具有纪念和礼拜性质的带有宗教意义的坟冢，如埋藏有佛陀舍利子的坟冢就被称作"窣堵波"(浮屠)。

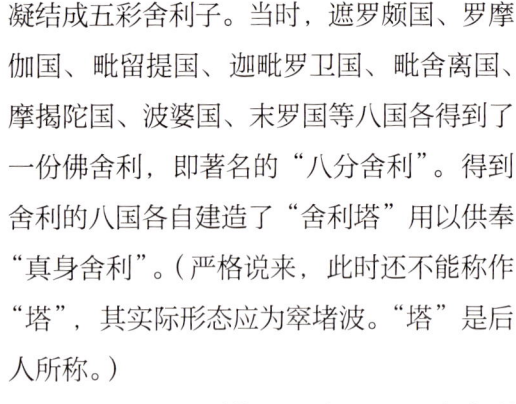

浮屠（窣堵波） ①

之后，随着佛教的发展，窣堵波逐渐演变成塔、佛塔。

传说释迦牟尼佛涅槃后，佛的遗骨荼毗凝结成五彩舍利子。当时，遮罗颇国、罗摩伽国、毗留提国、迦毗罗卫国、毗舍离国、摩揭陀国、波婆国、末罗国等八国各得到了一份佛舍利，即著名的"八分舍利"。得到舍利的八国各自建造了"舍利塔"用以供奉"真身舍利"。（严格说来，此时还不能称作"塔"，其实际形态应为窣堵波。"塔"是后人所称。）

到了阿育王时期，阿育王取八座舍利塔中的七座中的佛舍利重新分为84000份，并在各地建立起84000座佛塔（窣堵波）来安奉佛宝，以供各地的人们礼佛朝拜。

小知识

舍利子，梵语"Sarira"的音译，意为"遗骨"。大德高僧荼毗后不似俗人烧成骨灰，而是烧得晶状物，此物即"舍利子"。舍利子越多，说明修行越高。荼毗，本为古印度葬法之一，先焚烧死尸，而后收葬遗骨。这一葬法自释迦牟尼逝世被采用后，在佛教徒中广泛流传。

桑奇佛塔（展厅照片）　　　　　　　　　　　　　　　　　　　　　　　　　　②

🔱 桑奇佛塔

桑奇佛塔（The Great Stupa at Sanchi）是目前已知最原始、最典型，且保存最完整的古印度佛塔。其因遗迹位于印度中部中央邦[1]首府博帕尔（Bhopal）东北方向约40公里处的桑奇村（Sanchi）而得名，是印度历史上的佛教重地。

据推测，桑奇佛塔的核心"覆钵"始建于阿育王时期（公元前3世纪），为阿育王当年所建的84000座"舍利塔"（窣堵波）之一。但当时窣堵波的大小仅为现在佛塔体积的一半左右。

公元前2世纪，巽加王朝时期对桑奇佛塔进行了加建（如图③）：

1. 在窣堵波的底部加筑了基坛；2. 在原半圆形覆钵冢的外表面加砌了砖石，并以金银色灰泥进行涂饰，看上去金光闪闪，熠熠生辉；3. 在顶部加建了一个方形平台；4. 在方形平台上竖起了一个三层的伞盖；5、6. 修建了上、下两层环塔栏楯[2]以及阶梯。其中伞盖由古代圣树衍变而来，三层伞盖象征诸天[3]，而伞柱则象征着宇宙之轴，意喻佛法为宇宙之心。

---

1. 印度的"邦"，相当于州、省等行政区。
2. 楯：音同"吮"，指栏杆中的横杆。纵为栏，横为楯。
3. 诸天：佛教用语，意为"护法众天神"或"众天神"。

桑奇佛塔（正视图）

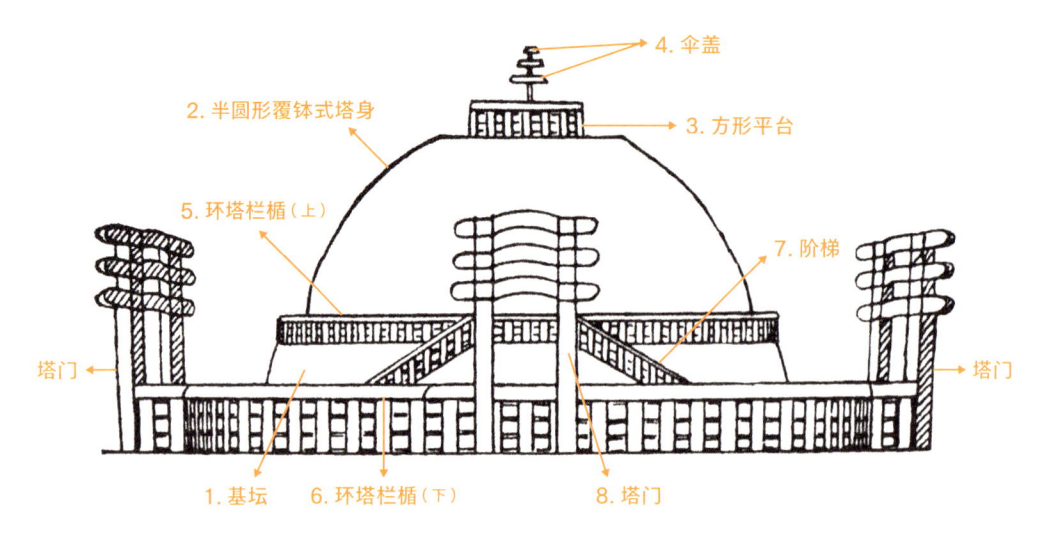

1. 基坛
2. 半圆形覆钵式塔身
3. 方形平台
4. 伞盖
5. 环塔栏楯（上）
6. 环塔栏楯（下）
7. 阶梯
8. 塔门

桑奇佛塔示意图（源自印博展厅） ③

公元前1世纪，南印度地区由安达罗人（Andhras）建立起一个新王朝安达罗王朝，也称"萨塔瓦哈纳王朝"，桑奇佛塔所处的中央邦就在萨塔瓦哈纳王朝的统治范围内。

萨塔瓦哈纳王朝时期，在之前桑奇佛塔的基础上，又在下层栏楯中新增修了东、西、南、北四座石塔门，即东塔门、西塔门、南塔门以及北塔门。至此，桑奇佛塔的增建工程到此结束，后续再无增修。人们现在去桑奇遗址所看到的佛塔的样子，基本上就是萨塔瓦哈纳王朝时期增建后的模样。而这个样子（形制）就是世界上最原始、最古老、最典型的佛塔建筑式样，距今已有约2000年的历史，其最初的核心形制是阿育王时期所创建的窣堵波，也即浮屠。

小知识

相关历史年代：1. 孔雀王朝，约公元前321年—前185年；2. 巽加王朝，约公元前185年—前75年；3. 萨塔瓦哈纳王朝，约公元前1世纪—公元3世纪。关于安达罗王朝或萨塔瓦哈纳王朝，中国学者多使用"安达罗王朝"之称，而印度国博的文物铭牌上则皆以"萨塔瓦哈纳王朝"做标注，故本书按印度国博的标注称谓。

● 发现桑奇佛塔

1819年,一队英军在中央邦首府博帕尔周边开辟驻防地时,在桑奇的一个小山丘上意外发现了一大两小三座佛塔。当时的英军上尉把这个发现写成公开报道发表了出来。遗憾的是,此举并未引起当局的重视,反倒是引来了不少挖宝者。

1822—1849年,英国人陆陆续续地在桑奇展开"考古"工作。这些发掘工作没有使他们如愿找到宝物,却对三座佛塔造成了严重破坏。

1851年,英国著名考古学家亚历山大·坎宁安(Alexander Cunningham)来到桑奇。他将三座佛塔进行了编号:三塔中最大的一座为1号塔,即前述的桑奇佛塔,也称"桑奇大塔",其塔身直径约36.6米,高约16.5米;大塔西侧的是2号塔;大塔东北角的是3号塔。不幸的是,坎宁安的考古手段也并不比前几拨显得更好,三座佛塔又再次遭到毁坏。

沉寂了半个多世纪后,1912年,英国考古学家约翰·休伯特·马歇尔(John Hubert Marshall)主持了对桑奇佛塔的全面修复与清理工作,使桑奇佛塔重现出往日的雄姿。人们现在看到的桑奇1、2、3号佛塔就是马歇尔修复后的样子,但因当年2、3号塔毁坏严重,因此修复程度有限。至今,三座佛塔中只有桑奇大塔(以下"桑奇佛塔"仅指桑奇大塔)保存完整。

● 精湛的雕刻艺术

从历史的角度看,桑奇佛塔作为最古老、最原始的佛塔建筑(浮屠,窣堵波),是佛塔起源的物证,具有无可比拟的史料价值。从艺术的角度看,桑奇佛塔东西南北四座塔门上的精美石刻代表了古代印度雕刻艺术的巅峰,其精致富丽的细节雕刻令人叹为观止!

桑奇佛塔的雕刻艺术主要体现在它的四座塔门上。其每座塔门由三道横楣与两根立柱构成,其形制类似中国的牌楼,印度人称其为"陀兰那(torana)",梵语意为"塔门",塔门的艺术被称为"陀兰那艺术"。

塔门高约8.5米。塔门上每道横楣的两面和上方以及立柱的四面上都刻有密集的故事性图案，即一图数景、连续叙事的构图方法，题材主要取自本生故事与佛传故事，刻画了佛陀前世今生故事中的一些情节与场景。其生动的画面、丰富的细节，栩栩如生的人物形象，精美绝伦的雕刻技法，代表了印度早期石刻艺术的最高成就，为印度艺术史上最卓越的石刻艺术经典之一。

尽管塔门上刻画的故事都与佛陀有关，但在实际画面中你却看不到任何一个佛形象的图案。原因是佛教早期，人们认为佛是超越了凡人的神，故而不能以凡人之身来表现佛的形象。因此在印度早期的佛教艺术作品中，佛的形象总是以象征性的形式出现，例如**以菩提树、大象、莲花、脚印以及宝塔等象征物来隐喻佛的存在**。桑奇佛塔北塔门上所雕刻的大象以及大象脚下的莲花，采用的就是"不表现佛的形象"的暗喻手法。这种表现手法构成了印度早期佛教雕刻艺术的一种特有风格。

四座塔门中，南塔门的历史最为悠久，是最早修建的塔门（修塔、建塔多为信众所捐赠，因此四座塔门并非同时修建）。人们在南塔门第一道横楣的内侧发现了刻有塔门捐赠者姓名以及相关内容的铭文，其中写明

小知识

佛陀的故事通常分为两部分：本生故事和佛传故事。本生故事讲述了佛陀在前世时为了普度众生曾多次牺牲自我转生为人或动物的一系列积善修行的故事。因此，在以本生故事为题材的艺术作品中经常出现动物的形象，例如金色牡鹿、大猕猴等，因为佛陀在前世时曾以金色牡鹿、大猕猴之身解救商人、猴群于危难中。佛传故事则讲述了佛陀转世为悉达多太子以及悟道成佛至涅槃的传记故事。

捐赠者为萨塔瓦哈纳王朝时期的一位艺师，因此确认了塔门为萨塔瓦哈纳王朝时期所修建。另外，还在南塔门的立柱上发现有铭文记载这是一位象牙雕刻师的作品（难怪这些塔门浮雕雕刻得那么精致细腻）。

其余三座塔门的情况：保存最好的是北塔门，也是四座塔门中雕刻细节最生动、最精致的一座塔门；建成最晚的是西塔门；东塔门拥有印度雕刻艺术史上最美的女性雕像之一：树神药叉女。最早的南塔门与最晚的西塔门两门建造时间相隔约50年。

1989年，桑奇佛塔建筑群被联合国教科文组织世界遗产委员会列入《世界遗产名录》。

"救人一命，胜造七级浮屠"

佛教早期人们以浮屠（窣堵波）供奉舍利子。之后，随着佛教的发展，半圆低矮的窣堵波逐渐演变为下方上圆的高塔状，塔高常见有一、三、五、七层塔。

七级浮屠，指的就是七层塔，是佛教中最高等级的佛塔。

古时，造塔是一种功德行为，塔造得越高，功德也就越圆满。为此，人们用"救人一命，胜造七级浮屠"来说明救人性命的善行所获得的功德与圆满比建造七层"浮屠"还要大，是最大的善，最大的圆满。

了解了佛塔的起源以及早期佛塔的形制与艺术特色，再来看孔雀王朝、巽加王朝与萨塔瓦哈纳王朝艺术展厅中的众多石刻遗珍，就显得似曾相识，驾轻就熟了。展厅中的石刻遗宝有的是宗教建筑物或陀兰那的横楣、立柱残段，也有的是岩壁、石窟等石刻残存，其纹样题材既有佛教故事也有民间传说，是这一时期石刻艺术风格的集中展现。

《大象与圣物》石刻残段
年代：公元前2世纪

④

这是一件桑奇佛塔陀兰那（塔门）的横楣残段。从该残段的体积与重量可以想见其整座塔门是何等的庞大与壮丽！这些巨大的石刻作品反映出古印度的石刻工匠已经具有了驾驭大型雕刻作品的技术能力，这种能力与波斯人和希腊马其顿人的文化与艺术以及技艺的渗透不无关系。另外，从图中可见该横楣终端的纹样为卷圈图案（桑奇佛塔四座塔门上的所有横楣终端都是这种图案），据猜测它可能寓意整条横楣上的故事可以像卷轴画那样徐徐展开，就像是打开了一本佛教故事的雕刻绘本。

桑奇陀兰那残段内、外侧面　⑤
年代：公元前1世纪（萨塔瓦哈纳王朝）
规格：高113.5厘米，宽186厘米，厚53.5厘米
材质：石
发现地：中央邦（Madhya Pradesh）桑奇地区

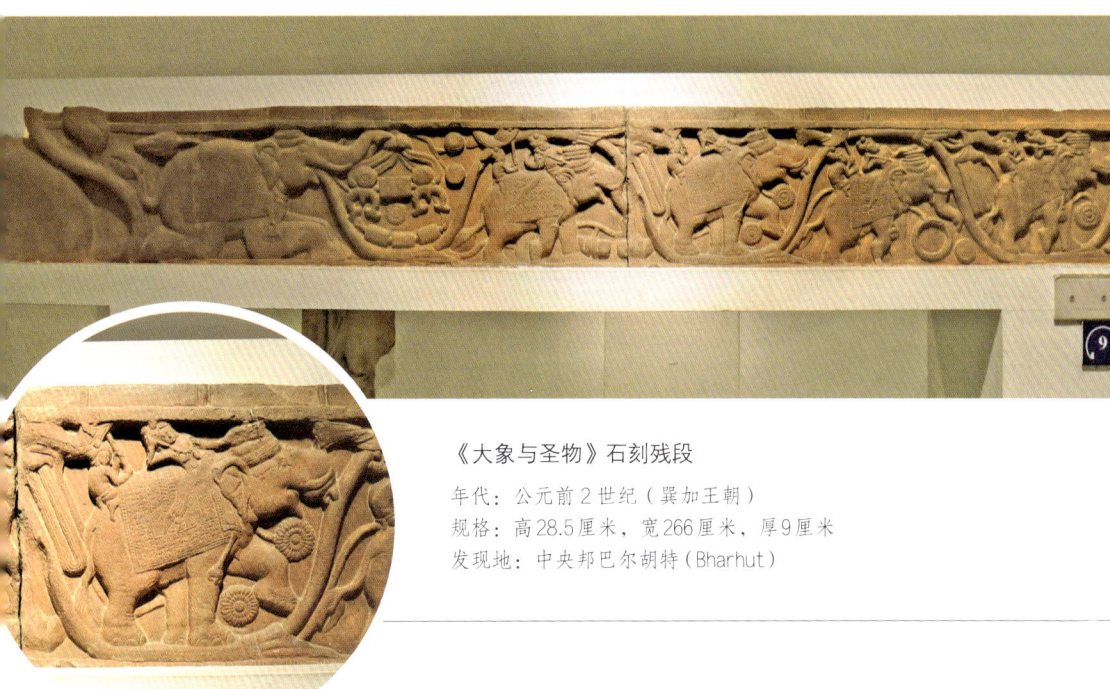

《大象与圣物》石刻残段

年代：公元前2世纪（巽加王朝）
规格：高28.5厘米，宽266厘米，厚9厘米
发现地：中央邦巴尔胡特（Bharhut）

　　该石刻纹饰中的"大象"即采用了"不表现佛的形象"的暗喻手法，这种表现手法形成了佛教早期艺术作品的特有风格，孔雀王朝、巽加王朝与萨塔瓦哈纳王朝艺术展厅中就展示有不少这一类的作品。

⑦

《恩爱夫妻》石刻

年代：公元前2世纪（巽加王朝）
规格：高121厘米，宽43厘米，厚33.5厘米
发现地：哈里亚纳邦（Haryana）阿民（Amin）

这件作品从高度上猜测可能是一个石栏楯，其雕刻风格已经和孔雀王朝时期有了明显区别。孔雀王朝时期的雕刻风格，题材上多以佛教故事为主，艺术上更是较多地受到了波斯或希腊化艺术风格的影响。而到了巽加王朝时期，印度本土化的元素开始进入到艺术作品中，表现为题材上出现了传统文化与民间故事等内容；形式上出现了本土民生的生活场景、人物形象以及民俗等图案；艺术风格上，吸收了传统木雕、牙雕以及陶塑的工艺特点；使之整体上显露出印度本土化、民间化的风格倾向。如《恩爱夫妻》石栏楯中所刻画的印度民间男女形象，以及其侧面所呈现出的仿木雕纹饰，都明显带有印度民族元素以及本土古风艺术特征。

⑧

《恩爱夫妻》石刻侧立面

《恩爱夫妻》石栏楯侧面带有印度古风特色的仿木雕雕刻。

⑨

《阿西塔斯拜访苏达达纳》[1]
（*Asitas visit to Suddhadhana*）石刻片段

年代：公元1—2世纪（萨塔瓦哈纳王朝）
规格：高191厘米，宽85厘米，厚20厘米
发现地：安得拉邦（Andhra pradesh）阿玛拉瓦蒂[2]（Amaravati）

1.《阿西塔斯拜访苏达达纳》，佛教故事。
2. 阿玛拉瓦蒂，南印度历史上著名的佛教传播中心。

仔细观察萨塔瓦哈纳王朝时期的石刻作品，你会发现其中很多作品的雕刻技法都如同牙雕般精致细腻。其画面布局紧凑，人物、动物、植物等各种形象满布其中，虽然看上去密密麻麻一片，但却清晰可辨、密而不乱，其细节雕刻之精美有如放大版的象牙雕刻一般（图⑨），这种雕刻风格构成了萨塔瓦哈纳王朝石刻艺术的一个显著特色。而形成这种特色的原因或与南印度的牙雕名城毗底沙（Vidisha）有关。毗底沙，位处中央邦首府博帕尔附近，自古就以出产精美象牙雕刻而闻名遐迩，其牙雕制品曾远销中亚及罗马等地区，前述的桑奇佛塔塔门的多个横楣与立柱的雕刻就出自毗底沙牙雕工匠之手（南塔门有铭文记载）。因此，毗底沙的牙雕工匠很有可能也参与了南印度其他地区的佛塔建设（南印度为萨塔瓦哈纳王朝的统治范围），并借以佛教、佛塔的影响力而影响了各地艺术作品的创作风格，由此形成了萨塔瓦哈纳王朝石刻艺术的一个显著特征。以《阿西塔斯拜访苏达达纳》石刻片段为例，其雕刻风格明显带有牙雕的特点。原因之一，它本身可能就是毗底沙牙雕工匠所作；原因之二，其产地阿玛拉瓦蒂是当时南印度地区重要的佛教传播中心，它也可能是由受到当地佛塔艺术风格影响的石刻工匠所雕刻。总之，毗底沙的牙雕工艺在一定程度上成就了萨塔瓦哈纳王朝的艺术风格。

2000年前印度美女的三围，至今仍然艳压群芳

巽加王朝时期，艺术作品的题材除了佛教故事外，还出现了民间传说等内容。一些民间信仰的神灵成为石刻艺术家们所青睐的创作对象，如男、女药叉神等。药叉（男药叉，yaksha；女药叉，yakshi）是印度民间信仰的精灵，主要掌管生殖、丰产等，其形象常常作为装饰被雕刻在塔门的立柱上。男、女药叉的雕像，尤其是女药叉的雕像，因其造型特别优美、形象特别生动、三围特别突出、姿态特别撩人、艺术感染力特别强烈而成为巽加王朝艺术的一大亮点，并在印度艺术史、印度雕塑史上留下浓墨重彩的一笔。

药叉女究竟有多迷人？身材又有多火爆？
古代印度又缘何会产生这类艺术形象的作品？

孔雀王朝、巽伽王朝与萨塔瓦哈纳王朝艺术展厅中，有物有真相。

先来欣赏一组印度国博收藏的药叉女石刻雕像。

①

《醉态药叉女》石像A

年代：公元2世纪
材质：红砂石
出土地：北方邦（Uttar Pradesh）
马图拉（Mathura）

其中半跪者为药叉女。药叉女石像艺术始于巽加王朝，之后该艺术在后世不断被继承与发展，最后形成一种印度女像造型的固定风格与特色。此《醉态药叉女》为贵霜王朝*时期作品。

*贵霜王朝：约公元40—241年。

②

《醉态药叉女》石像 B

此石雕为正、反两面雕刻，此面为反面。

　　《醉态药叉女》是梵语戏剧《小泥车》中的一个场景，A 面刻画了药叉女醉酒后的样子，B 面刻画了药叉女在黑夜中被人追赶的一个画面：她把脚镯从脚踝提到小腿，以防奔跑时发出响声，同时又用右手撩起面纱来盖住头上所戴的鲜花，以免花的芬芳吸引来追赶者。

《持剑药叉女》石像 ③
年代：公元2世纪（贵霜王朝）
材质：红砂石
出土地：北方邦马图拉

《瀑布下的药叉女》石像* ④
年代：公元2世纪（贵霜王朝）
材质：红砂石
出土地：北方邦马图拉

*环佛塔栏楯的一段。

⑤

《娑罗班吉卡》（*Salabhanjika*）石栏柱残段
年代：公元前2世纪（巽加王朝）
出土地：德里（Delhi）梅赫萝莉（Mehrauli）

这种被称作"Salabhanjika"的女像雕塑（也称娑罗树之女，或娑罗树下的药叉女）常被用来做寺庙门口石栏柱上的装饰雕像。尽管该石像中的女神五官已面目模糊，但其女性特征依然明晰可见。

— 丰乳
— 细腰
— 肥臀

从这一组《药叉女》石像不难发现，她们都具有丰乳、细腰、肥臀的造型特征，其凹凸有致的三围凸显了女性身材的特点。这或与最初巽加王朝时期的雕刻家们是把药叉女作为民间信仰的生殖精灵来进行创作的原因有关。作为生殖精灵，毫无疑问她们必须丰乳肥臀才够称职。至于为什么还要以细腰作陪，这显然不是生殖问题而是美学问题了。从视觉艺术或者说美学的角度看，波状线要比直线富有美感，而蛇形线（俗称S形曲线）又比波状线更富有灵动感和韵律感。"S蛇形线是最美的线条"，英国著名艺术家威廉·荷加斯1753年在他的美学专著《美的分析》中如是说。显然，古印度的雕塑家们在约2200年前（巽加王朝）就已经有了这种审美意识和美学境界，他们把这种审美观体现在作品中就有了"丰乳、细腰、肥臀"的造型。设想一下，丰乳与肥臀之间如果没有了细腰作为转折，这样的体形还美吗？

女像雕塑的曲线美并不只是古印度雕塑家们的审美专利和造型法宝，古今中外谙熟此道的艺术家大有人在。譬如，早在2000多年前古希腊的雕塑家就运用蛇形线条创作出了传世名作、世界上最著名的女像雕塑《米洛的维纳斯》（法国卢浮宫镇馆之宝）。

《米洛的维纳斯》石像 ⑥

年代：公元前2世纪
材质：大理石
规格：高2.02米
出土地：希腊米洛岛
现藏法国卢浮宫

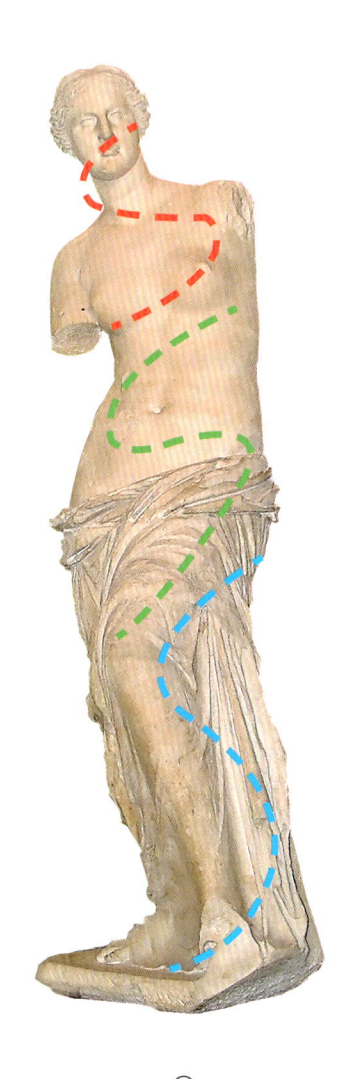

《米洛的维纳斯》石像，简称《维纳斯》，是法国卢浮宫三件镇馆之宝中最重要的一件，也是希腊人体雕像艺术中最著名的一件，更是世界女像雕塑中运用蛇形线条最卓越的典范。这件雕塑无论你从正面、侧面、背面甚至是局部看，它所呈现出来的造型都是 S 形，可见当年的雕塑家为了表现出这位古希腊爱神与美神的美真真是煞费了苦心，最终成就了《维纳斯》在世界雕塑史上女像雕塑的巅峰地位。

　　世界各地博物馆所珍藏的维纳斯雕像大部分也都遵循了 S 形造型原则。甚至可以这样说，世界上那些让你觉得美的雕像大多采用了 S 形的设计，且并不仅限于女像雕塑和立像雕塑。

⑦

⑧

《维纳斯、丘比特与潘》石像

年代：公元前 100 年
材质：大理石
规格：高 1.55 米
现藏希腊雅典国家考古博物馆

《维纳斯、丘比特与潘》石像表现了维纳斯沐浴之际，怪仙潘趁机猥琐纠缠，维纳斯的儿子丘比特正奋力将他推开，女神高举着凉鞋准备回击潘的有趣一幕。

⑨

《垂死的奴隶》石像

世界著名男像雕塑
作者：（意大利）米开朗琪罗
年代：1513—1515年
材质：大理石
现藏法国卢浮宫

《垂死的奴隶》表现了一个奴隶（男）临死前的状态。作者对于人体造型的设计依然是采用了最有视觉感的S形造型。

《沉睡的赫马佛洛狄忒斯》
(Sleeping Hermaphrodite) 石像

材质：大理石
现藏法国卢浮宫

《沉睡的赫马佛洛狄忒斯》石像原作品为公元前2世纪古希腊雕塑；1619年，意大利雕塑家乔凡尼·洛伦佐·贝尼尼用大理石创作了赫马佛洛狄忒斯身下的精美逼真的床垫。这件作品中的人物虽然是平卧型，但依然采用了S形美学造像原理，使之看上去自然、生动、优美。试想如果赫马佛洛狄忒斯的左小腿不是向上抬起，而是顺着左大腿的趋势延伸下去，这件作品的生动性和美感一定会大打折扣。

⑩

这件正面直立（直筒）型的女神雕像从视觉上看显然不如 S 形造型优美。因此，在了解了美学造型原则后，我们在生活中再拍照时就别再傻傻站成一根棍式的正面直立型了，即使不刻意地拗个 S 形姿势，也至少让身体由"立正"变成"稍息"姿态。"埃及人只懂立正，到了希腊才学会了稍息"，它的意思即是说埃及人的人体雕塑直立呆板，到了希腊时期人体雕塑才有了生动的倾向。

回来接着说印度的《药叉女》石像。

比较印度《药叉女》石像与希腊《维纳斯》石像，尽管她们的姿态都呈 S 形，视觉感受上却不完全相同。

《药叉女》注重三围的视觉冲击力和造像的夸张感，《维纳斯》注重三围的心理冲击力和造像的真实感。

观众从"维纳斯"身上看到了一个写实版的理想化裸女，其乳房、腰肢、圆臀、大腿等都是建立在解剖学基础上的写真，展现在观众眼前的是一个接近真实的女性的身体（即便是大理石材质，雕刻家也把它打磨出

《阿尔忒弥斯女神》石像 ⑪
年代：约公元前 650 年
材质：大理石
现藏希腊雅典国家考古博物馆

了光洁、细腻、吹弹可破的逼真的肌肤感)。因此它很容易引发观看者感官、心理乃至生理上的各种反应，这也恰恰是作者想要达到的效果——维纳斯是爱神与美神的化身，她的身体必须能够引起观者的共鸣。

而"药叉女"则不然，作者并不在意她极度夸张的三围在解剖学上的准确性，也不刻意想要引起观看者想入非非的欲念。作者的目的只是想通过"药叉女"饱满的乳房、纤细的腰肢、浑圆的肉臀来表现她作为生殖、生育精灵的象征意义。同时又为了美感而将其身形塑造成了极为扭曲的S形。这种由夸张三围塑造出来的极为扭曲的S造型在印度艺术中被称为"三屈式(Tribhanga)"。Tribhanga，原意为"三折扭""三道弯"，意指人体所呈现出的"三折扭、三道弯"曲线，如《玩球女子》石像中的女子形态。

《玩球女子》石像 ⑫
年代：公元11世纪[古希罗（Guhila）王朝]
材质：石
现展陈于印度国博晚中世纪艺术展厅

缘何古代印度会产生三屈式艺术形象的作品？

印度自古就是一个能歌善舞的国度，从哈拉帕时期的《舞蹈男性躯干》石像中，我们就已经看到了"三屈式"的影子。假如我们为这位舞蹈男子添加上它缺失的手臂和左小腿，按塑像中其身体的走势，大概率上它应该是"古今印度舞蹈姿态对比图"中右者的样子。而右者的姿态就是典型的"三屈式（三折扭）"。也就是说，古代印度雕塑家们从印度传统舞蹈中得到灵感，进而创造出了女像（《药叉女》）"三屈式"的造型。

古今印度舞蹈姿态对比图　　　⑬

《药叉女》石像的另一个特点是极度夸张的三围。

女性三围的尺寸从古至今一直都是衡量女性形体美的核心因素，它也因此成为雕塑家们刻意精心塑造的重要部位。虽然三围对于塑造女像的形体美很重要，但像印度《药叉女》石像这么夸张的三围比例，在世界范围内还是比较少见的，它因此而形成了鲜明的印度民族艺术特色。

印度雕塑家为什么要塑造如此夸张的三围比例？

象征性是印度艺术的一大特点。自孔雀王朝开启大规模建设宗教建筑和创作佛教题材的艺术品以来，佛像一直都是以象征物的形式来表现。这就使得古印度的雕塑家们对于以抽象、象征的手法进行创作显得驾轻就熟、得心应手。于是，为了表现药叉女的生育能力，其性器官乳房和臀部就被极度夸张地放大了。当人们看到这样一个巨乳、肥臀的女性身体时，人们的第一反应就是性、性爱，而这正是生殖、生育的本原所在。由象征主义的手法创作出一个令观众印象深刻且一看就能联想到生育的女神形象，这大概正是创作者的意图吧。

世界上最早的佛像是标准的美男子

"

你是否曾经想过这样的问题:
释迦牟尼佛究竟长什么样?
是谁最先描绘了佛的形象?
我们心中的佛的样貌是从哪里来的?

走进贵霜王朝艺术展厅,这里向我们展现了上述问题的答案。

①

犍陀罗佛立像
年代:公元 2—3 世纪
材质:灰岩
规格:高 88 厘米
出产地:犍陀罗

世界上最早的佛像出现在贵霜王朝

在贵霜王朝之前，佛的形象一直都是以象征物的形式表现，如菩提树、大象、莲花、脚印以及宝塔等。到了贵霜王朝时期，佛的形象不再仅以象征物表现，而是出现了人形的佛像。

为何贵霜王朝能首开佛规之禁、最先创作出真人形象的佛像？贵霜王朝又是何方神圣？

说起贵霜王朝与佛造像的渊源，这一切必须要从古代印度西北地区的犍陀罗（Gandhara，地名，现位于巴基斯坦境内）说起……

犍陀罗

古印度的西北部一直是外族入侵印度的突破口，历史上雅利安人、波斯人、希腊人、大月氏人等入侵印度都是从此处进入。因而从文化的角度看，西北部地区较之内陆地区总是更早、更多地受到外来文化的侵入和影响。而作为古印度西北门户、军事要塞的犍陀罗，自古就是外族入侵的必经之地，故而在文化上所受到的外来文化的冲击也就

犍陀罗佛立像细节　　②

最频繁，影响也最大。

犍陀罗原本是公元前6世纪时古印度列国时代的十六列国之一。之后，犍陀罗不断遭受外族入侵，波斯人、希腊人、塞卡人（Sakas）、帕提亚人（Parthian）等相继在这片土地上轮番登场：

公元前6世纪中叶，波斯帝国征服印度河流域后，犍陀罗沦为波斯帝国的一个行省。

公元前4世纪，马其顿王国的亚历山大大帝征服该地区后，犍陀罗归属于马其顿帝国统辖；之后不久，印度本土孔雀王朝的创立者旃陀罗·笈多赶走马其顿人（希腊人）夺回了犍陀罗。

公元前3世纪，孔雀王朝在阿育王统治时期达到鼎盛，其间佛教被定为国教。彼时，阿育王曾派高僧到犍陀罗传播佛教、建立佛塔，使佛教在该地区广传盛播，深入人心。

公元前190年，巴克特里亚（Bactria）的希腊人拿下犍陀罗，犍陀罗归属于巴克特里亚人统治。巴克特里亚人在犍陀罗殖民百余年，同时将希腊文化也逐渐渗入到这片土地上。

公元前85年，中亚游牧民族塞卡人入侵犍陀罗。

公元25年，伊朗北方的帕提亚人占领犍陀罗。

约公元1世纪晚期，贵霜帝国赶走了犍陀罗地区的帕提亚人，之后一直对该地区统治至公元3世纪贵霜王朝结束。

小知识

1. 巴克特里亚，中国史籍称之"大夏"。亚历山大病逝后，其庞大帝国分崩离析；不久，亚历山大的原部下塞琉古建立起塞琉古王朝；之后，巴克特里亚从塞琉古王国分离出去，成立了巴克特里亚王国。而巴克特里亚王国中有一些人原是亚历山大、塞琉古军队中的希腊人，因此这些人被叫作"巴克特里亚的希腊人"。

2. 帕提亚人喜爱希腊文化。中国史籍称之"安息人"。

● 贵霜王朝

贵霜王朝，对于不熟悉印度历史的人来说，乍一听这个名字感觉很陌生，但实际上它和我们所熟悉的大月氏人关系十分密切，贵霜王朝的祖上就是大月氏人。

月氏人原本是生活在中国敦煌、祁连山一带的游牧民族，势力强大，历史上曾与匈奴人互为劲敌。《汉书·西域传》记载："大月氏……本居敦煌、祁连间，至冒顿单于攻破月氏，而老上单于杀月氏，以其头为饮器，月氏乃远去。"意思是说，在冒顿做匈奴单于时，匈奴打败了月氏。而到了冒顿之子老上为单于时，老上又攻打了月氏，得胜后老上把月氏王的头骨用来当酒爵使用。于是，月氏人被逼无奈西迁远走。

月氏人西迁时，有一部分人仍留在河西走廊一带，被称为"小月氏"。西迁者被称为"大月氏"。

约公元前130年，西徙路上一路跌跌打打的大月氏攻占了巴克特里亚，也即大夏，并把大夏一分为五分别给予了五个部族的翕侯（部族酋长、首领）。之后，公元1世纪初，五翕侯中的贵霜翕侯灭其他四翕侯，统一五部落，建立贵霜王国。

统一后的贵霜王国开始了一系列的对外扩张战争。至公元1世纪末，贵霜已成为中亚地区的霸主，变身为一个强大的贵霜帝国。这期间贵霜人从帕提亚人手中夺取了犍陀罗，成为犍陀罗的统治者。

贵霜帝国的王位传至迦腻色伽一世（Kanishka Ⅰ）时，帝国实力达到鼎盛（约公元1—2世纪），成为当时世界上的四大强国之一（其他三国为中国汉帝国、帕提亚帝国、罗马帝国）。

迦腻色伽死后，贵霜帝国渐趋式微。公元3世纪时，帝国分裂成若干小国。

③

犍陀罗佛立像

年代：公元 2 世纪
材质：片岩（schist）
规格：高 114 厘米，宽 39 厘米，厚 18 厘米

犍陀罗雕刻所使用的青灰色片岩，其深沉的色调特别适于雕塑庄严肃穆的佛像。

● 佛像起源

由于贵霜是外来民族，为了笼络人心、便于统治，迦腻色伽当政时皈依了佛教，并且大力弘传佛教。他大规模建塔造寺，大批量制作佛像，以至于当时贵霜帝国的政治中心犍陀罗曾一度成为了帝国的佛教中心，他本人也因此被誉为"阿育王第二"。

在迦腻色伽宽容、折中的宗教政策下，原本艺术作品中"不表现佛的形象"的创作规则被悄然突破，世界上最早的人形佛像在犍陀罗诞生：

雕像中的佛陀长有一张英俊的西方贵族王子的脸，并且身穿希腊罗马式长袍，体格健硕伟岸，一副标准的美男子形象。

为什么犍陀罗制作的佛像会有西方王子高鼻深目的容貌和长袍加身的装扮？

纵观犍陀罗的外族入侵史不难发现，犍陀罗曾多次沦为希腊人（希腊文化）的殖民地（马其顿人、巴克特里亚人、帕提亚人），这就为日后在犍陀罗地区出现希腊化现象埋下了伏笔。而当迦腻色伽的宗教宽容政策施行后，一直拜佛于无形的信众们开始渴望能够礼佛于有形之像。于是，世界上最早的具有真人相貌与身形的佛像诞生了——**犍陀罗佛像**。

然而，犍陀罗佛像却都带有明显的希腊人的体貌特征：波浪卷发、高鼻深目、身形矫健，并且还身着希腊式的通肩长袍。

产生这种现象的原因，大体有二：

其一，在犍陀罗生活的石刻工匠中本身就有一些人来自希腊及地中海地区。而希腊自古就有"神人同形"的造像传统，希腊神话中的诸神从诞生之日起就是人格化的，因此古希腊石雕中的神像也一直都是以人形进行塑造。在此基础上，当贵霜王朝打开制作佛像的禁忌后，由于这些外来工匠思想意识上本就没有本土工匠那种严苛的宗教规则的约束，甚至还可能很不习惯于以象征符号来表示神的存在的创作方法，因此，他们很自然地将希腊神的形象复制过来制作了印度佛陀的形象。

有意思的是，这些工匠在选择希腊神像作为创作模板时，没有选择古希腊神话中胡子拉碴的主神宙斯像，也没有选择一身横肉的海神波塞冬像，而是选择了阳光帅气、英俊逼人的美男子太阳神阿波罗神像。说明在他们心中佛陀和太阳神阿波罗一样都是光明、美好的象征。当然，你也可以说他们是以希腊英俊男子的形象制作了佛陀像，因为希腊自古就有以俊朗健美男子制作男神像的传统，阿波罗神像就是以希腊帅哥做的模板。

其二，印度本土的石刻雕像在孔雀王朝之前并不发达，一般都是些雕像小品，大型石雕是在孔雀王朝之后才发展起来，并且一直受到波斯、希腊石雕艺术的影响。到了贵霜王朝时期，政策突然松动了，佛像可以以人形来表现了，这使得印度本土的工匠们迅速地在脑芯片里搜索了一遍所储存的石像素材，他们惊奇地发现，除了希腊神像外似乎也没有什么更合适的人选来代表他们心中神圣的佛陀形象了，于是希腊化形象的佛像就此诞生。同样原因，他们也选择了阿波罗神像作为佛陀形象的样板。

总之，无论是外来工匠还是本土工匠，在设计制作佛像时似乎都只有一种选择：以希腊神像为模板。毕竟他们所要制作的是万众敬仰的佛像，那些凡夫俗子的形象显然不合适。

希腊化风格的犍陀罗佛像，是贵霜王朝留给后世的最大的文化艺术遗产，在世界艺术史、印度艺术史上都享有盛名。而贵霜王朝之所以能首开佛规之禁、最先创作出真人形象的佛像，其关键原因或许还在于贵霜人是外来族，某种意义上说它与现代管理学上的"空降兵"的作用类似——"空降兵"对所空降的企业没有太多的顾忌和约束，因而更容易打破陈规推进企业变革与创新。

犍陀罗佛像艺术

公元1世纪至公元2世纪前后,犍陀罗地区出现了以希腊式人物雕刻技法来表现印度佛教造像的一种艺术风格。这些带有明显希腊风格的佛像是世界上最早出现的人形佛像。

最早的石刻佛像出现在佛传故事的雕刻图案中,其时画面中佛的形象与众生的形象等高、等形,没有明显的区别。之后,佛的形象被塑造得越来越高大,与其他人物之间有了明显的区别。再后来,佛像从佛传故事雕刻图案中独立出来,成为佛龛中供信众礼拜的独立佛像。

局部（一） 　　　　　　　　　　　　局部（二）

④

《窣堵波》石雕

年代：公元 3 世纪
材质：砂石
规格：高 125 厘米，宽 93 厘米，厚 13 厘米
出土地：安得拉邦纳加尔朱纳康达（Nagarjunakonda，南印度佛教圣地）

　　该《窣堵波》石雕的中部刻有佛陀坐像，最下面刻有成道之前的释尊像，是比较少见的表现成道之前释尊形象的艺术作品。

065

⑤

《龙王礼佛》石雕

年代：公元2世纪

材质：石

规格：高35厘米，宽47厘米，厚10厘米

在《龙王礼佛》石雕中，佛陀（中间站立、脑后有头光者）的形象明显高大于画面中的其他人。

⑥

犍陀罗佛坐像

年代：公元2—3世纪
材质：片岩
出产地：犍陀罗
现藏日本东京国立博物馆

犍陀罗佛头像 ⑦

年代：公元 2—3 世纪
材质：灰泥质

该头像中佛的肉髻被雕刻成希腊风格的波浪式卷发，为早期犍陀罗佛像特征之一。

希腊化的佛像并非意味着是全盘希腊化的形象，佛陀眉心处的白毫、头顶的肉髻都显示出印度佛教的本土特征（图⑥）。因此，犍陀罗佛像从一开始就是本土化与希腊化相结合的艺术形象。

乍看这尊犍陀罗佛头像的容貌俨然就是一个标致的古希腊美男子的样貌：面庞清秀、弯眉深目、高鼻薄唇、气韵柔美，使人很难把它与佛的容貌联系在一起。但从它双耳垂肩、头顶肉髻、庄严寂静的面部特点看，它又确确实实是一尊佛陀头像。这尊希腊雕刻技法与印度佛教相结合的佛陀头像是犍陀罗佛像艺术的典型代表。

仔细观察贵霜王朝艺术展厅中的佛像，你会发现早期佛像中佛陀的眼睛是全睁开的，而不似我们现在所看到的眼帘低垂的半闭状。再仔细看，不同出产地的佛像中佛陀眼睛所睁开的程度也有所不同。犍陀罗佛像的眼睛是如常睁开状，而马图拉（Mathura）制作的佛像则两眼呈圆睁瞪视状，反映了早期佛像艺术的特点。"双目圆睁"是早期马图拉佛像的特征之一。

马图拉，印度历史名城，位于古印度南部（今恒河中游西北部），以特色雕刻艺术闻名，与犍陀罗并称为印度佛造像艺术的两大流派和两大制作中心。

马图拉开始制作佛像的时间与犍陀罗佛像起源的时间相近，因此关于马图拉和犍陀罗究竟是谁最先制作了佛像的问题，学界一直有争议。马图拉派认为，马图拉佛像是由印度本土的药叉神（男）演化而来，其体貌特征：双眼圆瞪、厚嘴唇、圆脸庞、身材魁梧结实等特点都与药叉雕像相近，由此证明它是独立起源的佛造像艺术。而犍陀罗派则认为马图拉佛像借鉴了犍陀罗佛像的风格，是在犍陀罗佛像艺术的基础上所做的一些印度化变通。目前，认为犍陀罗佛像要稍早于马图拉佛像的观点者略多一些。

实际上，无论犍陀罗佛像与马图拉佛像谁的制作时间更早，仅以目前的考古学结论看，最早的佛像诞生于贵霜王朝时期这种说法肯定是没错的。

佛坐像 ⑧
年代：公元2世纪（贵霜王朝）
材质：石
规格：高46厘米，宽32厘米，厚9厘米
出产地：犍陀罗
现展陈于印度国博贵霜王朝艺术展厅

比较难解的是，考证犍陀罗佛像与马图拉佛像孰早孰迟的问题不仅有来自其两者本身年代查考的难度：马图拉佛像多刻有铭文，犍陀罗佛像几乎没有铭文，这些都无疑增加了考证难度；另外，还有来自马图拉佛像铭文本身的辨识难度：一些看上去明明是

佛像的雕像，其铭文偏偏不说自己是佛像，却自称"菩萨像"。据专家考证，一些明显是佛像的雕像之所以要在铭文中刻写"菩萨像"，原因或是受之前"不表现佛的形像"规定的约束而不敢直接刻上"佛像"之名，遂只能以"菩萨像"代之。故此，研究人员除了要考证马图拉佛像的制作年代外，还需要考证那些铭文为"菩萨像"的雕像是不是佛像以及它们的制作年代。（参见"如何区别佛像与菩萨像？"）

犍陀罗佛教造像与马图拉佛教造像在形态上有着显而易见的区别：马图拉造像身材魁梧，但衣衫极薄，薄至躯体能够透过衣衫显现出来（图⑨）。而犍陀罗造像则是身形健美，衣袍却比较厚重，如图①、③、⑩所示。

⑨ 马图拉菩萨像
年代：公元 2 世纪
规格：高 167.5 厘米，宽 76.5 厘米，厚 29 厘米
出产地：马图拉

这尊菩萨像呈现出典型的马图拉佛教造像风格：形象魁梧结实，颇具勇武之势。

最早的菩萨形象是以谁的样子做的?

菩萨:源于梵语"Bodhi-sattva"一词,是音译"菩提萨埵"的略称,意作"觉有情""觉悟众生"。菩提:觉、智、道之意;萨埵:众生、有情之意。

悉达多太子在悟道成佛之前亦称"菩萨"。

因为成道前的悉达多是凡世间的太子,因此他的身上佩戴有项饰、臂钏、手镯等贵重珠宝饰物。犍陀罗的工匠们以成道前的悉达多太子的形象制作了菩萨像,以此区别于成道后的佛的形象。

与犍陀罗佛像相比,犍陀罗菩萨像的希腊化程度减弱了不少。其中,菩萨的容貌不再是古希腊美男子的样子,而是带有几分印欧混血的模样,或者说更像是一位印度贵族王子的容貌。

犍陀罗菩萨立像 ⑩
年代:公元 2—3 世纪
材质:片岩
规格:高 126 厘米,宽 47 厘米,厚 17.5 厘米

犍陀罗菩萨立像

年代：公元 2 世纪
材质：石
出土地：犍陀罗
现藏日本东京国立博物馆

　　这件菩萨立像是犍陀罗时期制作的典型的翩翩印度王子式菩萨像，菩萨佩戴有耳饰、项圈、臂钏等饰物。

犍陀罗菩萨坐像

年代：公元2世纪
材质：石
出土地：犍陀罗
现藏日本东京国立博物馆

菩萨头戴印度王子的攒花头巾（后期戴有宝冠）、耳饰、项饰、臂钏、手镯、璎珞等，左肩斜搭有披帛。

佛教造像艺术的发展

佛像从早期的双目炯炯到后期程式化的眼帘低垂半闭状，反映了佛教艺术从初期注重外表形象逐步转为强调精神内涵的发展过程，双目半闭的神态更准确地表现了佛陀沉思冥想、静穆安详的超凡气质。

除此之外，在佛教造像艺术的发展过程中，佛像的造型也在不断地变化中，譬如增加了手印、坐姿、头光等。

手印，梵文"Hasta-mudra"的意译。原意为手势，即以手臂尤其是手指做出的具有特定意义的各种姿势、形态。在古印度，手印广泛应用于计算、舞蹈、记诵、雕塑、宗教仪式等领域。具体在佛教中，手印所传递的是一种独特的语汇，表达了某种特定的含意，如降魔印表示降伏恶魔之印相。

佛教造像中常见的有"无畏印、说法印、与愿印、降魔印、禅定印"五种手印，也称"释迦五印"。

坐姿，源于梵语"asana"，意为"座位""体位"等。佛教造像中常见的坐姿为"莲花坐"，即盘腿而坐，两足交叉，足心向上，脚背分别平放于左右股上（图⑬），

犍陀罗佛坐像 ⑬
年代：公元2—3世纪
材质：片岩
出产地：犍陀罗
现藏日本东京国立博物馆

也称"结跏趺坐",是印度人沉思冥想时的一种习惯坐姿。

佛教造像中常见的结跏趺坐有双跏趺坐和半跏趺坐两种。跏,意为行走时脚向内拐;趺,意为"足背(脚背)"。跏趺坐,佛教用语,指佛教徒修行的一种坐法。

双跏趺坐,俗称双盘坐,是佛教造像中最常见的一种坐姿。半跏趺坐,俗称单盘坐,即单趺一足跏于另一股上(单足脚背平放在另一侧的大腿上)。

⑭ 佛传故事石刻饰带

年代:公元3世纪
材质:石
出土地:安得拉邦纳加尔朱纳康达

此石刻饰带为整条檐壁饰带中的局部片段,其中,佛以双跏趺坐坐姿坐于台座上。

三彩菩萨坐像

年代:公元1368—1644年(中国明代)
材质:陶瓷
现藏中国国家博物馆

坐像中菩萨呈半跏趺坐姿。

⑮

⑯ 白石半跏思惟菩萨坐像
年代：公元573年（北齐武平四年）
材质：石
规格：高33厘米，宽18.5厘米
现藏中国国家博物馆

⑰ 红陶佛坐像
年代：公元15—17世纪
材质：红陶
出土地：尼泊尔
现藏美国大都会艺术博物馆

此红陶佛坐像既有头光也有身光。

头光，指佛菩萨头背后所放之圆轮光相，也称"圆光"。最古老的形式仅以圆轮显光相，后以莲花、连弧纹等配饰，更复杂者有中央作莲花，周围雕以忍冬纹等。

贵霜王朝时期，佛像中出现了头光，使佛的形象更进一步贴近了佛经的描述。早期佛教造像中的头光为圆形素面，并无装饰（图①、③）。后续，头光上出现了装饰纹样（图⑧），并且越来越复杂精美。至笈多王朝时，头光已演变为一个刻有各种精美浮雕的大型装饰圆板。之后，头光的范式被固定下来，成为佛像的一个重要组成部分。再后来，佛造像中又有了身光、背光等造像艺术。

这件佛立像的背光为素面背光，无装饰纹饰。

带有背光的佛立像 ⑱

年代：公元5世纪（印度笈多王朝）
材质：石
规格：高127厘米，宽56厘米，厚23厘米
出土地：北方邦鹿野苑
现展陈于印度国博笈多王朝艺术展厅

石佛造像碑

年代：北魏正光三年（公元522年）
材质：石
规格：高2.24米，宽1.13米
现展陈于中国北京故宫博物院

此尊《石佛造像碑》头光及背光上的纹饰十分精美，其雕刻生动，层次表现效果极佳，是北魏时期石刻造像艺术的杰出代表。

● 印度佛教造像艺术在本土黯然退场

公元4世纪，由印度本土人建立的笈多王朝在摩耶陀兴起，为复兴印度文化带来了勃勃生机。马图拉、鹿野苑两地成为了笈多王朝纯印度风格的佛教造像艺术中心，并制作了大量带有明显印度特色的佛教造像（图⑳）以及石窟壁画等。笈多王朝时期，被认为是印度佛教造像艺术发展的最盛期。

之后，约公元5世纪末，原贵霜王朝的两大佛教艺术中心犍陀罗和马图拉：犍陀罗佛教造像艺术因战乱而遭到沉重打击，日渐消逝；马图拉佛教造像艺术则大部分被后来的笈多风格吸收；就此，贵霜王朝的两大佛教造像艺术流派相继在印度本土黯然退场、销声匿迹。不过，它们的佛教造像艺术却在域外得到了发扬，譬如中国、日本等都曾制作出精美无比的佛教造像艺术佳作。

佛头像 ⑳
年代：公元5世纪（印度笈多王朝）
材质：砂岩
规格：高26厘米，宽16.2厘米，厚21厘米
现展陈于印度国博佛教造像艺术展厅

这尊佛头像为笈多时代佛造像艺术的杰出代表、典范之作，它生动地刻画了佛沉思冥想的状态。其中佛的容貌便是以印度本地人为模本，展现了笈多时代佛教造像艺术的特点。

● 《释尊诞生》浮雕

在犍陀罗佛教造像艺术出现之前，人们一直是以菩提树、法轮、佛塔、莲花、大象以及脚印等象征物来隐喻佛的存在。这件《释尊诞生》浮雕原为佛塔壁面上装饰嵌板浮雕中的一个佛传故事片段，描绘了释尊在蓝毗尼园出生时四天王前来祝贺的场景，其中即以四天王手托的印有小脚印的襁褓布带来暗喻佛的存在。

局部

《释尊诞生》浮雕
年代：公元3世纪
材质：石灰石
出土地：安得拉邦纳加尔朱纳康达

㉑

● 《大象》石刻

《大象》石刻 ㉒
年代：公元 2 世纪（巽加王朝）
材质：石
规格：高 53 厘米，宽 59 厘米，厚 17 厘米
出土地：中央邦巴尔胡特
现展陈于印度国博佛教造像艺术展厅

《大象》石刻中同样遵循了"不表现佛的形象"的原则，仅以大象暗喻佛的存在。

● 拱形浮雕

局部

此拱形浮雕可能是宗教建筑拱门上装饰浮雕的一个片段，展现了信众前往寺庙进行朝拜的场景。画面中雕刻有印度神兽摩伽罗（Makara），它有着狮身象鼻蛇皮的怪异模样，还有马车、牛车等。据猜测，拱形的中央部分可能雕有佛像的象征物，如佛塔、宝座等，这也是早期"不表现佛的形象"的石雕艺术品之一。

㉓ 拱形浮雕
年代：约公元1世纪
材质：石
规格：约高100厘米，宽81厘米，厚11厘米
出土地：北方邦马图拉地区坎卡利蒂拉（Kankali Tila）
现展陈于印度国博贵霜王朝艺术展厅

如何区别佛像与菩萨像？

犍陀罗菩萨坐像、佛坐像 ㉔

佛造像与菩萨造像的主要区别：

佛：肉髻螺发，穿袈裟，且袈裟上无任何衣饰、佩饰等装饰物。（如图①、③、⑥、⑧、⑬）

菩萨：戴美丽宝冠，佩项圈、臂钏、璎珞，穿天衣、裳裙。（如图⑪、⑫、⑮，P96图⑬）

因此，从发髻和服饰上就能迅速辨别出佛造像与菩萨造像：1. 肉髻螺发者是佛（佛不戴头冠）。2. 穿裳裙，佩珠饰璎珞者必是菩萨。有了这二则法宝你再去看佛造像、菩萨造像便就一目了然了。

● 释迦五印佛造像

施无畏印 ㉕ 降魔印（触地印）㉘

说法印 ㉖  与愿印 ㉗

禅定印 ㉙

世界最美佛像与佛教艺术珍宝

"

佛教自孔雀王朝阿育王时代起开始向东亚、西亚各国进行广泛传播，路线达至中国、日本、韩国、泰国、缅甸、印度尼西亚、阿富汗等国家。伴随着佛教的传入，佛教造像艺术也随之传入各国。在原佛教造像艺术的基础上，各国结合本土人文风俗、审美情趣以及雕刻技艺等，又创造出了具有本土特色的佛教造像艺术。尽管在公元5世纪末之后，佛教造像艺术在印度本土逐渐消失，但在周边国家却得以兴旺发展并大放异彩。本篇我们将欣赏一组收藏（展陈）在世界各地博物馆中的佛教造像艺术瑰宝，其中不乏孤品与珍稀品。

摩耶夫人是迦毗罗卫国国王净饭王的王后。

摩耶夫人临产前按当地风俗回娘家去待产。途经蓝毗尼园，摩耶夫人下车休息时，看到园中一棵大树枝繁叶茂便伸手攀枝，却不料动了胎气，小王子从右胁处诞出了。

小王子取名乔达摩·悉达多，也即后来的释迦牟尼佛。

摩耶夫人金铜像 ①
年代：公元7世纪（日本飞鸟时代）
材质：铜质镀金
现藏日本东京国立博物馆

摩耶夫人金铜像细节 ②

该金铜像也是为数不多的表现佛陀诞生的艺术作品之一。图中可见悉达多王子正从摩耶夫人的右胁处诞出。

这件《佛陀诞生》石雕刻画了悉达多王子出生时的情景。由于表现此情景的艺术作品极为稀少,故这件石雕作品非常珍贵。

《佛陀诞生》石雕
年代:公元 3 世纪(贵霜王朝)
材质:片岩
出产地:犍陀罗
现藏日本东京国立博物馆

局部（一）

局部（二）

④ 悉达多太子铜像

年代：公元5—6世纪（印度笈多王朝）
材质：合金铜
规格：高20.5厘米

此为实心铸造的合金铜佛立像，其中嵌有多种贵金属。

我们平日里所看到的佛像大多是成年佛陀形象，几乎没有看到过佛陀在幼年孩童时期的样子。这尊悉达多太子铜像为世界上仅有的两件表现幼时悉达多太子形象的笈多风格的铜像之一，其历史价值不可估量。

铜像中悉达多王子稚嫩的童颜、肉肉的肩膀、圆圆的手臂，一个萌萌的小童形象跃然眼前。与其他表现小童形象不同的是，小王子悉达多的眼神悠远，充满思索，高扬的眉毛显示了不同于凡人的高远智慧。

悉达多太子铜像多处采用了错金银、错红铜等特殊金属镶嵌工艺，如眼睛为错银工艺镶嵌，嘴唇及短裤上凸起的花纹为错红铜工艺制作，裤管边为错金银工艺打造。

小知识

错金银工艺：又名"金银错""嵌错"。铜器装饰工艺的一种。其工序大致如下：1.在器表铸出或錾刻出凹槽；2.将凹槽内壁錾刻成糙面或燕尾槽（凹槽内可加入黏结剂，以防金银脱落）；3.将金银片或金银丝适当加热，用玛瑙压入凹槽；4.用错石磨错，使器表"严丝合缝"；5.用木炭和水打磨后，再用皮革织物抛光，从而形成铜底金银纹的效果。如果是填入红铜，则为"错红铜"。

金铜半跏思惟像（正） ⑤
年代：公元6世纪后期（朝鲜三国时代）
材质：金、铜
规格：高83.2厘米
现藏韩国国家博物馆

金铜半跏思惟像（侧） ⑥

《金铜半跏思惟像》是韩国国家博物馆的镇馆之宝。

此半跏思惟像表现了悉达多太子尚未出家前因忧虑人世间的生老病死而陷入沉思的形象。金铜像高达83.2厘米，而器壁的厚度却非常之薄，展现了朝鲜三国时代工匠高超的铸造技术。

铜质镀金佛坐像 ⑦

年代：公元 9—13 世纪
材质：铜质镀金
现藏北京首都博物馆

《铜质镀金佛坐像》中，佛双跏趺坐于方形台座上，螺发，身着袒右肩袈裟，衣质轻薄贴体，左右手分别结禅定印、降魔印。身后饰火焰纹头光、背光。这尊雕像风格古雅，是一件难得的具有尼泊尔与藏传佛教早期风格的造像珍品。

这件精美绝伦的十一面千手观音为清代宫廷御制的观音造像，做工极其精致华美，彰显了皇家气度与审美品位。此造像体量巨大，造型复杂，观音两侧展开的手臂有如孔雀开屏般盛大美丽，令人震撼不已！

局部（一）

局部（二）

十一面观音 ⑧
年代：公元 1736—1795 年（中国·清乾隆）
材质：黄铜，局部冷金、宝石镶嵌
规格：高 67 厘米

观音菩萨造像中的千手寓意慈悲广达、遍护众生；千眼代表观照世界、智慧无穷。

红铜鎏金四臂观音
年代：公元 17—18 世纪
材质：红铜鎏金，宝石镶嵌
出产地：喀尔喀蒙古

⑨　　局部（一）

局部（二）

　　这尊《红铜鎏金四臂观音像》是目前世界上唯一一件具有蒙古札那巴札尔佛教艺术风格且镶嵌了宝石的四臂观音像。

　　札那巴札尔（Zanabazar），蒙古佛像雕塑艺术大师，创造了独具特色的蒙古佛教造像艺术风格，这件《红铜鎏金四臂观音像》是札那巴札尔风格佛教造像艺术的杰出代表。

　　札那巴札尔佛教造像艺术的特点（简要）：1. 造像身体比例精准，造型极为优美；2. 莲台座底部有独特的三环形圈，其上才是莲座，且莲瓣儿繁茂盛大。

局部（二）

局部（三）

局部（一）

局部（四）

木雕漆金绿度母 ⑩
年代：公元1662—1722年（中国·清康熙）
材质：木雕漆金
规格：高1米

　　绿度母造型优雅高贵，面容美好，耳垂厚大，弯眉笑眼，服饰边沿雕刻有精致的花卉涡卷花样，周身镶满宝石，整体形象华丽祥瑞。绿度母：藏密本尊之一。一头二臂，面目慈祥，全身绿色。

⑪

铜鎏金观音菩萨像
年代：公元618—907年（中国唐代）
材质：铜，金
规格：高40厘米

观音菩萨头部微颔，身形为S形，站立于仰莲座上，姿态优美、轻盈。此为盛唐时期最为流行的式样，反映出大唐盛世文化的繁荣。

前文述"佛与菩萨在形象上的区别为:佛头顶肉髻不戴宝冠,菩萨戴宝冠……",实际上也不尽然,也有例外,譬如这尊《宝冠释迦牟尼红铜鎏金像》。

⑫

宝冠释迦牟尼红铜鎏金像
年代:公元14世纪
材质:红铜,金,宝石镶嵌
规格:高30.7厘米
出产地:尼泊尔

彩绘木雕观音菩萨坐像 ⑬

年代：公元960—1279年（中国宋代）
材质：木
规格：高2米
现藏中国国家博物馆

　　菩萨头戴高花冠，身披帔帛，胸饰璎珞，下着长裙。长裙色彩鲜艳，覆座垂地。菩萨右手持莲花，左腿下垂，足踏山石，神态安详，于庄严中蕴含沉静之美，体现了宋代美学之宋风雅韵的特色。彩绘木雕观音菩萨坐像距今已有近千年历史，作为木雕工艺品能够保存千年之久而风貌完好，实属极为不易之事，也因此而无比珍稀与珍贵。

水月观音菩萨像

年代：公元 1279—1368 年（中国元代）
材质：青白釉瓷
出土地：北京西城区定阜大街西口（1955年出土）
现藏北京首都博物馆

⑭

《水月观音菩萨像》，北京首都博物馆镇馆之宝。

局部

此尊观音菩萨像呈观水中月姿态，故称"水月观音"，是唐代画家周昉最早根据玄奘《大唐西域记》中的观自在菩萨而创造，之后广为流传。水月观音菩萨像由元代景德镇制作，采用了模印、琢刻、捏塑等多种装饰工艺制作而成，展现了元代景德镇高超的制瓷水平。（瓷器烧到这水平，就一个字：服！）

小知识

1. 模印：陶瓷装饰技法中的一种。它以胎泥为原料，用模印、模塑等方法制作出各种花纹（造型），然后以泥浆将模印出来的花纹粘贴在器物胎面，施釉后入窑烧制，成品出来后便是带有模印花纹的具有装饰效果的艺术瓷器了。模印比较形象的例子是做一个"月饼"的模印：做月饼首先要做一个月饼模具，然后向模具中放入面团（胎泥）模刻出月饼的花纹，再把这个"半成品月饼"用泥浆粘贴在陶瓷器胎体的表面，入窑烧制后这个"月饼"便成为陶瓷器上的一个装饰物。

2. 捏塑：陶瓷器成型技法之一。即以手工将胎泥捏制成形，成形后再根据需要在已成型的胎体上进行雕琢的一种工艺技法。以"壶把儿"为例简要说明捏塑工艺的流程：先以胎泥捏塑出壶把儿的具体形状（可以是普通的壶把儿形状，也可以是艺术化的壶把儿形状，甚至是在壶把儿上雕琢各种纹饰），之后再将壶把儿以泥浆粘贴在壶胎上，入窑烧制后得到的就是带把儿的壶了（壶嘴儿同理）。同理，如果捏塑的不是壶把儿而是花草鱼虫，则以同样的方法把它们粘贴在壶身上，烧制出来的就是带有花草鱼虫装饰物的艺术效果的壶了（仅以壶把儿为例，捏塑概念本身并不指壶把儿之类的制作）。《水月观音菩萨像》中的璎珞等饰物的制作采用的即是这种技法。

一方水土一方佛像

观礼各地博物馆中的佛教造像,你会惊奇地发现佛菩萨的容貌常常带有本地人的样貌特点。这或许是因为艺术家们在创作佛菩萨像的过程中总是情不自禁地把自己心中最美好的人物形象融入到作品中的缘故。而艺术家们最熟悉、最心仪的形象莫过于自己本土的俊男美女。

这尊带有高棉微笑的佛头像,具有典型的高棉美男子的样貌特征。毫无疑问这一定是柬埔寨人心中最美的容颜。

佛教约公元1世纪晚期传入中国。约公元4世纪由中国传入朝鲜半岛的高句丽、百济、新罗地区。

此造像中佛的容貌特征具有朝鲜人圆脸细眼的特点。

金铜佛立像(朝鲜半岛) ⑯
年代:约公元9—10世纪(朝鲜高丽时代)
材质:铜质镀金
现展陈于东京国立博物馆

⑮
佛头像(柬埔寨)
年代:公元7世纪(前吴哥时代)
材质:砂岩
出土地:柬埔寨
现藏柬埔寨吴哥博物馆

约公元6世纪，佛教经朝鲜半岛的百济传入日本。这尊《金铜佛立像》（日本）中佛所披袈裟的样子颇有日本韵味。

石佛坐像（泰国）* ⑱

金铜佛立像（日本） ⑰
年代：公元7世纪（日本飞鸟时代）
材质：铜质镀金
现藏日本东京国立博物馆

一方水土育一方风情，泰国的佛像与佛塔也都带有明显的本土化风格。

＊图片摄于泰国大城。大城，泰国历史文化古都。

100 | 印度国家博物馆

彩绘木雕菩萨坐像
年代：公元 1368—1644 年（中国明代）
材质：木
现藏中国国家博物馆

⑲

彩绘木雕菩萨坐像中菩萨面庞圆润，弯眉秀眼，具有典型的中国东方式柔美。另外，这件菩萨造像的特别之处在于——菩萨的头微仰，目光向上。仔细回想一下我们所见过的佛菩萨造像中，有似这样仰头、目光向上的佛教造像么？此为非常少见的佛教造像之形象。

佛坐像 ⑳

年代：公元 7 世纪早期（中国唐代）
材质：木、苎麻等
规格：高 96.5 厘米
现藏美国大都会艺术博物馆

从佛像双臂的位置可以推断出现已遗失的双手原来所结应为禅定印。

　　《佛坐像》是美国大都会艺术博物馆收藏的一件中国唐代佛坐像。这尊佛坐像以中国传统古老工艺干漆夹苎镀金彩绘技术制作，艺术价值极高。佛像的面庞具有标准的中国人的国字形脸型，造像整体气质带有儒雅书卷之气，非常符合古代中国人对于男子的审美标准。毫无疑问，这肯定也是唐代艺术家以心中最美的人物形象塑造的佛形象。

干漆夹苎技术是中国古老的传统工艺，距今已有1600多年的历史（东晋时浙江天台地区就已应用），**它对于木制工艺品的防开裂、防霉蛀、防腐朽有着特殊的保护作用**，用在佛菩萨像的制作中，可使佛菩萨像千年不裂、不霉、不腐，就如同这尊大都会艺术博物馆所藏唐代佛坐像，距今千年有余却依然保持原造型、原神韵不变。

在我们日常所见的佛教造像中，大部分造像都是以石刻为主，木雕像极少。根本原因，除了木制品易受水、火等自然灾害的损害难以保存外，其自身易开裂、易变形、易虫蛀等也是很重要的原因。干漆夹苎技术很好地解决了上述问题，其工艺中所使用的两种重要原材料：大漆和苎麻是形成这种特殊作用的关键。大漆，一种采自漆树的天然液体涂料，其涂抹后所生成的漆膜具有耐腐、耐酸、耐磨、防水、防氧化和富有光泽等特性，享有"涂料之王"的美誉。苎麻，中国古代重要的纤维作物，其茎部的韧皮纤维具有极高的韧性，具有单纤维长、韧性好、强度大等特点，是雕像能保持千年不变形的关键因素。

干漆夹苎工艺中的重要工序：
1. 选用适宜的木料雕刻出造像胎体（即木雕的佛菩萨像），行话称"塑形"；
2. 将已加工处理过的大漆涂抹在已塑形的木雕像上；
3. 将已加工好的苎麻布粘贴于雕像全身，以大漆涂之，由此苎麻布就黏附在了木雕像上（此处可以想象成将纱布附在雕像上，然后以胶水涂抹在纱布上，以使纱布粘贴在雕像上），这个过程就是"夹苎"（木雕与大漆间夹有苎麻）；
4. 反复重复上述过程：上漆、贴苎、再上漆、再贴苎……重复20多遍后，一整套干漆夹苎过程结束，整个工艺过程约耗时1—3年不等（视造型的复杂程度）。

由于大漆、苎麻以及各种添加物具有良好的固形、防腐、防霉、防潮、防氧化等特点，故而以此工艺制作的雕像可以千年不腐、不坏、不变形。而从本质上说，干漆夹苎制品属于漆艺和木艺集合而成的艺术作品。(干漆夹苎工艺的实质也可以简单粗暴地理解为"家具上漆"，家具上漆的遍数越多，家具日后越不易发霉与虫蛀；倘若再给家具贴以苎麻进行夹苎，则家具便可千年不变形。只是没有人会这样做家具，因为成本太高。干漆夹苎工艺通常用于制作重要雕像。）

具体到大都会这尊干漆夹苎镀金彩绘佛坐像，则是在干漆夹苎工艺之外又使用了镀金和彩绘技术，使佛像在保持经年不裂不霉不腐不变形的基础上又增加了神韵和神采。

干漆夹苎技术在公元8世纪时从中国传至日本。陈列于日本奈良唐提招寺的鉴真和尚坐像就是干漆夹苎工艺的典范之作。

㉑

卢舍那佛立像
年代：公元550—577年（中国北齐）
材质：石
出土地：山东博兴县龙华寺遗址（1976年出土）
现藏山东省博兴县博物馆

卢舍那，梵文"Vairocana"的音译，意为"光明普照""遍一切处"。谓其智慧广大，遍照一切，是智慧的象征，是佛智之身。

如何欣赏佛教造像艺术？

佛教造像艺术灿若星辰，传世佳作数不胜数。普通的艺术爱好者如何欣赏这些大美殊胜的佛教造像呢？

欣赏一件（造像）艺术品，大致可从以下几个方面着眼：

1. 造型美。这是最直观的感官反映，你觉得好看它就好看。
2. 材质美。材质决定了艺术品的内在品质，同样一朵小花分别做成木质花、瓷质花、金属质花、石质花等，它们所反映出来的品质感一定是不同的。
3. 工艺美。主要指制作工艺的精湛与精美，譬如掐丝、捏塑等，但有些工艺之美并非肉眼可见，譬如干漆夹苎工艺。
4. 稀缺性。一件艺术品是否孤品、珍稀品或者普品等，它所反映出来的市场价值与心理价值不同。
5. 题材与角度。独特的题材与视角能使艺术品脱颖而出，从而产生不同的艺术价值与欣赏价值。

上述要点可归于艺术品的艺术价值范畴，而决定一件艺术品的地位与价值的首先是它的历史价值，其次才是艺术价值与科学价值。

观礼宗教题材的造像，除了欣赏其艺术性外，最重要的是感悟其内在的精神表达。面对一尊佛像，我们肉眼仅可见其造型之美，而它的精神力量，它的感染力、穿透力、直抵心底的那一抹静好却非言语能表。一千个人看佛像就会有一千种感悟，它是每一位观者内心的感知、感受与感悟。

贵霜王朝，一个由入侵者建立起来的王朝，凭借其彪悍的战斗力在二百年间成为称霸中亚的强大帝国。而中亚自古就是东西方贸易的重要交通枢纽，同时也是东西方文化交会的十字路口。独特的地理位置决定了它能够接受到来自欧、亚文化的八面来风，吸收进多元文化。贵霜王朝的犍陀罗佛教造像艺术，首开佛像造像之先河，让人们第一次看到了佛的形象。尽管这些佛像带有浓郁的希腊化特征，但它毕竟使人们对佛的形象有了一个感观印象，并因此而拥有了里程碑式的重要意义，有了"但开风气我为先"的历史意义与价值，使贵霜王朝成为印度佛教史、艺术史以及世界艺术史上留下盛名的王朝。

三、笈多王朝与中世纪艺术

为什么印度的神比其他地方的神多？

> 众所周知，佛教发源于古印度，并且还一度成为了古印度的国教。
>
> 但众所不知的是佛教后来在印度销声匿迹了，并且在现在的印度人中只有很少一部分人信仰佛教。
>
> 目前在印度本土，信徒人数最多的是印度教，约占全国总人口的80.5%，其次是伊斯兰教，约占总人口的13.4%。
>
> 婆罗门教、耆那教、佛教、印度教、锡克教……印度的宗教可谓是教别林立，神灵众多，说它是世界上神灵最多的国家，恐怕没人会有异议。

为什么印度人的神灵特别多？

印度所处的地理环境决定了这里的人们所经历的自然现象和异常气象会比其他地区的人要多。

"

印度位处南亚次大陆，三面环海，一面接陆。它的南面是印度洋，西侧是阿拉伯海，东边是孟加拉湾，最北边是连绵高耸的喜马拉雅山脉与兴都库什山脉等一系列无法逾越的天然屏障。

特殊的地理位置，为印度构建了一个近乎封闭的区域。在这个封闭的区域里，南有高原、北有高山、中有平原、西有沙漠。盆地、丘陵、雪山、沙漠、雨水、季风……地貌形态的万千变化与自然环境的丰富多彩，使居住在这里的人们有着别样精彩的生活体验，进而激发了他们丰富的想象力与思想意识。而宗教本身就是自然环境与思想意识交融的产物——人们因对自然界中诸如风雨雷电等现象的不解而产生敬畏之心，为了祈祷生存的平安，人们对这些自然现象进行膜拜、礼赞、颂扬，久而久之，最早的自然宗教就这样产生了。印度人由于其生活环境的多样性和复杂性，导致他们所遇到的各种自然现象相比其他地区更多，因此大脑中所联想出来的神像也就比其他地区更丰富，所要敬畏和膜拜的神灵也就比其他地区更多。因此说，古代社会时期，生存环境越复杂、越多变，人们头脑中所幻想出来的神祇也就越多。在古人朴素的思维意识中，飓风肯定是风神在发威，暴雨必定是雨神在发怒……总之，每一位神灵都有着巨大的能量，他们可以呼风唤雨，遮云蔽日，可以左右人间的生老病死。

印度虽然宗教众多，但对后世产生深远影响的却只有那么几个，它们被反映在印度国博展厅的设计中：佛教文明——孔雀王朝、巽加王朝、贵霜王朝等艺术展厅；印度教文明——笈多王朝、中世纪等艺术展厅……从中可见佛教文明、印度教文明在印度历史长河中的重要作用与影响。

本篇我们将走进笈多王朝艺术展厅，一起去探秘印度教文化宝库以及见识多姿多彩的印度教文明遗珍。

笈多王朝艺术展厅

在参观笈多王朝艺术展厅之前，我们有必要先对笈多王朝以及印度教做一些简要的了解，以便更好地欣赏展厅中的文物。

笈多王朝

公元4世纪初，北印度小国林立，其中的摩揭陀国王旃陀罗·笈多一世（Chandragupta I，约公元320—330年在位）以华氏城为首都，创立了笈多王朝。之后的继任者凭借文治武功统一了南北印度并建立起强大的笈多帝国，成为继孔雀王朝之后第二个一统全印度的王朝。约公元5世纪晚期，帝国国势渐弱。公元6世纪中期，笈多帝国瓦解，王朝统治时长约200年。

由于笈多王朝是由印度本土人建立的王朝，因而纯粹的印度文化在这一时期得到长足发展。又因为笈多王朝诸多帝王都信奉印度教，因此笈多时代制作了大量的印度教造像。

印度教

印度教，是世界上最古老的宗教之一，兴起于笈多王朝（约公元320—540年）。

印度教由婆罗门教演变而来，在其形成

过程中吸收了佛教、耆那教、密教的部分教义以及复杂的民间信仰逐步发展而成。如，印度土著达罗毗荼人的生殖崇拜信仰——崇拜男根 [林伽（linga）]、公牛等，也都被吸收进印度教信仰中。因此，印度教在广大民众中具有深厚的信仰基础。

①

四面神林伽像
年代：公元12世纪
材质：砂石
规格：高110厘米，宽48厘米，厚48厘米
出土地：中央邦
现展陈于印度国博笈多王朝陶器和中世纪早期艺术展厅

四面神林伽像中，林伽石柱（形似男根、阳具）的四面分别雕有太阳神苏利亚（Surya）和印度教三大主神梵天、毗湿奴、湿婆立像。

印度教初萌于公元前4世纪，直到公元4世纪笈多王朝时才得以兴起。某种意义上也可以说，是笈多王朝复兴了曾因佛教的兴盛而一度衰微的婆罗门教。只是，这种"复兴"并非简单的原版婆罗门教的复兴，而是在原版的基础上又发展出了一个创新版——演变为一种新的宗教：印度教。

印度教自公元4世纪兴盛，流传至今，依然是印度民众最普遍的宗教信仰。

人们说不了解印度教就不可能了解印度。这话反过来说或许更贴切：**要想了解印度就必须了解印度教**。印度教作为印度千百年流传下来的古老宗教，对于印度的政治、文化、经济甚至是军事都曾产生过重大的影响。

印度教教义主张："善恶有因果，人生有轮回"，信仰业报轮回说。

印度教信徒相信一个人在肉体死亡后灵魂会转世到下一世重生，相信今生今世的业决定了转世的果——来世或成为高（低）等的人，或成为牛、马等牲畜。这也就解释了为什么我们在印度旅行时，经常会看到牛、羊、狗、猴等动物自由自在地在大街上行走，而不必担心被车撞人搡的原因。因为印度人认为他们所遇到的牛、羊等动物很有可能就是自己已故的祖先或亲友转世而来，而人们又怎么会去伤害自己的祖先或亲友呢？在印度旅行时，辰馆不止一次地在车水马龙的闹市区看到健硕的神牛在道路的中央慢条斯理地踱步前行而所有的车辆都毫无脾气地绕而行之的情景。倘若赶上神牛累了，想要小憩片刻，它老人家便会毫无顾忌地就地一卧，管你什么交通要道不要道的！而周围的行人与车辆也都自觉地绕而行之，绝不会按喇叭，更不可能去冲撞它。当然，牛爷爷之所以在印度能这么霸气豪横，也与它在人们心中是神牛的特殊地位有关。

印度教的种姓制度： 种姓制度把人分成四个不同的社会阶层，也即四个不同的种姓。

约公元前1500年，雅利安人越过阿富汗北部的兴都库什山脉，从印度的西北部侵入印度。之后，雅利安游牧民族的信仰逐渐演化形成了吠陀教。吠陀教的特点是多神崇拜，相信万物有灵论，它为自然界中各种无法理解的自然现象都赋予了神性（印度因此而神灵众多）。

吠陀教的另一个特点是主张社会是分阶层的，也即种姓分立，把社会划分为四个不同的阶层：婆罗门、刹帝利、吠舍和首陀罗四个种姓。

吠陀时代把社会划分为四个阶层，最初是因为入侵的雅利安人要把高贵的自己与当地的土著区别开来。后来，雅利安人内部出现了地位分化：从事祭祀的僧侣（婆罗门）、部落贵族、武士以及普通阶层的民众。之后，社会上的这四个阶层逐渐被固定下来：僧人、贵族与武士、普通民众、印度土著。

吠陀教逐渐演变为婆罗门教时，种姓制度继续存在。

种姓制度的第一阶层：**婆罗门**。

婆罗门代表祭祀阶层，是社会的最高阶层。

主持婆罗门教祭祀礼仪的僧侣被称为婆罗门，他们被认为是精通典籍、无所不能的人。这些能够"跟上天沟通、传话"的婆罗门拥有至高无上的地位，被视为最尊贵的阶级。

第二阶层：**刹帝利**。

刹帝利代表武士和贵族阶层，是社会中的权贵阶层。耆那教的创建者筏驮摩那与佛教的创建者释迦牟尼，两者的家族都属于刹帝利阶层（他们的父亲都是小邦国的君主）。

第三阶层：**吠舍**。

吠舍代表手工业者和商业阶层。

记得辰馆去印度旅行前，在预订酒店时，面对几家性价比都还不错的酒店纠结于究竟要选哪一家的时候，无意间看到了店主的姓名，辰馆果断地选择了其中一家店主姓"吠舍"的酒店。因为种姓吠舍，代表着商业阶层，说明这家是世代相传的生意人，想必是有些经营之道的，故而酒店应该还不错吧（事实证明，这家酒店确实不错）。

第四阶层：**首陀罗**。
首陀罗代表奴隶阶层。

种姓制度中每一种姓之间有着严格的界限，不同种姓之间严禁通婚、共食，以及各种戒律与风俗等规定。因此，要想通过婚姻来改变种姓从而获得更高的社会地位是不可能的。

种姓制度在1948年时已被废除，种姓歧视也早已被法律所禁止，但历史的烙印终究难以完全褪去。

印度教的神灵

印度教由吠陀教、婆罗门教发展而来，它继承了吠陀教多神崇拜的教义，也形成了多神崇拜信仰，其各路神仙之多，有如滔滔恒河之水绵延无尽——据说有3000万之多。听着都晕！

正如前文所述，印度教之所以会有那么多的神灵及其数不断理还乱的各种变身，究其实质还是离不开其所处的地理环境因素。其北冷、南热、西旱、东沛的自然环境，使印度人积累了丰富的与大自然相处的阅历与经验，构成了印度人所理解的今生与来世的独特世界观。在印度教信徒眼中，自然界的一切现象都是神所造化的，每一种自然现象的背后都有其主掌的神灵。由此说来，印度教神灵众多也就不足为奇了。

不过，尽管印度教的神灵众多，其变身又多到数不胜数，但实际上，作为参观者或是旅行者，我们只需要了解其中几大主神和几位重要的神祇也就能够满足旅行观光、学习之需了。接下来，我们通过印度国博笈多王朝艺术展厅、笈多王朝陶器和中世纪早期艺术以及晚中世纪艺术等展厅中的一些印度教大神造像，来进一步了解和认识印度教的诸位大神。

梵天为何有四个头？这经历有点说不出口

印度教有三大主神——梵天（Brahma）、毗湿奴（Vishnu）、湿婆（Siva）。

创世神梵天

首先来认识创世神：梵天。

梵天，创世之神，印度教三大主神之一。

像许多宗教中的创世故事一样，印度教中也有一位创世之神——梵天，或称大梵天（梵名"Brahma"，音译婆罗贺摩、梵摩。意译：清净、离欲。印度思想将万有之根源"梵"予以神格化，为婆罗门教、印度教之创造神）。

传说世界之初是一片无际的汪洋。浩渺无边的汪洋中漂浮着宇宙金卵。某天，金卵开裂，梵天从卵中孵化而出。自此，世界万物开始被创造，梵天因此被称为"创世神"。

四头四臂梵天像 ①
年代：公元6—8世纪
材质：砂岩
现展陈于印度国博笈多王朝陶器和中世纪早期艺术展厅

梵天有四头四臂，他创造了江河湖海、天地山峦，并利用法力在自己的身上创造出了儿女。这些儿女相互婚配，繁衍出了人类。

梵天的四只手臂象征着东、南、西、北四个方向，并有着不同的寓意：右前方手臂表示"自我"，左前方手臂表示"自信"，右后方手臂表示"心灵"，左后方手臂表示"智慧"。梵天的四个手中通常分别持有《吠陀经》、水壶、莲花、念珠四种法器。《吠陀经》是印度教的圣典，水壶寓意万物自水伊始，莲花是圣洁心灵的象征，念珠是梵天用来计算宇宙流逝时间的定时器。不过，梵天手中的法器也并非总是固定的这几种，有时也会换成其他法器。

梵天最显著的特征就是有四个分别朝向东、西、南、北的头。

传说梵天原本只有一个头。后来他一见钟情地爱上了一位仙女，并对其展开疯狂追求。仙女无法承受梵天炙热如炬的目光，只好四处躲避。于是，梵天利用自身法力迅速在脖颈上朝东南西北方向各长出了一个头——我看你往哪儿跑！

仙女被来自四面的灼热目光逼得无处躲

四面梵天像　　　　　　　　　　　②
年代：11世纪
材质：砂岩
出土地：皇家寺庙，吾哥比里，柬埔寨班迭棉吉省
现藏柬埔寨吴哥博物馆

四面梵天像（局部）　　　　　　　③

藏，无奈之下一跺脚：姐上天了行吧！

上天？哼哼，那你也逃不脱我的法掌。噌！梵天随即在头顶上又长出了第五颗头，这头仰天朝上直瞪瞪地看着仙女。

太欺负人了！与梵天并称为三大主神的湿婆实在看不过去了，只见他手起刀落，"咔嚓"一记就把老大梵天的第五颗脑袋给砍了下来。

什么情况？湿婆兄台你这是几个意思？老大想追个女人关你什么事？莫非你对这小美人儿也有想法？……

局部

画面中，毗湿奴正沉睡于巨蛇之身漂游在大海上，他的肚脐中生出一朵莲花，莲花上坐着的是四面梵天，寓意梵天从沉睡的毗湿奴肚脐上的莲花中诞生。画面背景中刻有许多浪花纹饰，寓意毗湿奴沉睡于大海上。

沉睡的毗湿奴　　　　　　　　　　　　　　　　　　　　　　　　　　　④
年代：公元 11 世纪早期 / 材质：砂岩 / 出土地：柬埔寨磅清扬省 / 现藏柬埔寨吴哥博物馆

话说这位梵天大神可真够没面子的，凭着创世老大的身份不仅连个小仙女都没搞定，而且还被小兄弟把头给砍了。这是要造反的节奏啊！

没错！这梵天的老大地位还真是没坐住，他后来被三大主神中的另一位大神毗湿奴取代，此为后话。之后的创世版本改写为：世界每一次的劫后再创，首先是从沉睡的毗湿奴开始，然后才轮到梵天出场：梵天从沉睡的毗湿奴肚脐上的一朵莲花中诞生。

再后来，梵天的声望越来越弱，最后竟彻底退出了江湖（神界），几被遗忘。目前，印度本土崇拜梵天神的信众要远远少于其他两位主神。

在印度教中，梵天是最容易被记住的印度教神。他的特征非常明显：四头四臂。不过，如果不是刻意去找，现如今在印度，梵天神像还真不太多见了。

最后，告诉你一个一眼识别"梵天"神的大招儿：1. 四面头者必是梵天；2. 骑天鹅者必是梵天（天鹅是梵天的坐骑）。

宇宙世界的保护神——毗湿奴

毗湿奴，维护、保护宇宙秩序之神，印度教三大主神之一。

古印度人民为了宇宙世界的可持续发展真可谓是操碎了心。继梵天创世之后，古印度人民殷切希望能有一位无所不能的大神来对这个美好的世界进行日常的维护与管理。于是，一直在神系体制内就职的毗湿奴进入了人们的视线。

毗湿奴原本是吠陀时代的太阳神之一，当时的地位并非大神级别（当时有多位太阳神，毗湿奴是太阳神家族成员之一）；之后，在印度教的经典中逐渐出现了毗湿奴下凡救世的可歌可泣的故事，遂人气得到抬升；再后来，毗湿奴的崇拜者越来越多，最终一跃成为印度教宇宙世界的三大掌门人之一：主掌维护、保护世界秩序的重量级大神，成为印度教三大主神之一。

毗湿奴立像
年代：公元5世纪
材质：砂石
现展陈于印度国博笈多及早期中世纪艺术展厅

①

作为宇宙世界的保护者、维护者，为了拯救世界、诸神以及人类于危难，毗湿奴总是恪尽职守、尽心尽责。他急神、人之所急，想神、人之所想，哪里有危难，哪里就有他勇武的身影：当洪水泛滥之时，他化身为鱼（Matsya），把人类的始祖摩奴从洪水中救出；在大地沦陷之际，他化身野猪（Varaha），用长牙顶起了沉溺的大地女神；他还曾以神龟（Kurma）、人狮那罗辛哈（Narasimha）、侏儒瓦摩纳（Vamana）、帕罗苏罗摩（Parasurama）、罗摩（Rama）、克里希纳（Krishna）、佛陀和卡尔奎（Kalki）等十种化身降魔除恶、救世于倒悬，成为百姓心中最爱戴的天神之一。

毗湿奴是印度教三大主神中化身最多的神，上述十种化身只是他主要的化身。特别要说明的是，毗湿奴的卡尔奎化身并未出现过，据说它会在世界恶化到极端的时刻出现。而当卡尔奎出现时，世界也就到了末日。之后，世界又开始从毗湿奴的沉睡、肚脐上生出莲花、梵天造世界……重新进入到一个新的轮回中。另外，从毗湿奴的"佛陀化身"可以看出，此时佛教已渐趋式微，佛教的一些内容被同化和吸收进印度教内。

人狮那罗辛哈石像
年代：公元8世纪
材质：石
规格：高49厘米，宽31厘米，厚8.5厘米
出土地：印度东部
现展陈于印度国博二层环廊

那罗辛哈是毗湿奴的人狮化身，它长有一张狮子的脸。传说当时一对孪生兄弟中的哥哥被毗湿奴击杀，弟弟发誓要找毗湿奴报仇。但是，弟弟的儿子是毗湿奴的忠实信徒，他不肯告诉父亲毗湿奴在哪里。这一天，父亲在一根柱子前又问儿子："毗湿奴在哪里？你若不告诉我，我就杀了你，倒看看你所信的这位大神会不会来救你？！"就在他手举刀落的一刹那，毗湿奴的人狮化身那罗辛哈破柱而出，将那个弟弟撕成了碎片。

③

侏儒瓦摩纳石像

年代：公元 12 世纪

材质：石

规格：高 154.5 厘米，宽 74 厘米，厚 22.5 厘米

出土地：印度中部

现展陈于印度国博二层环廊

  瓦摩纳是毗湿奴的侏儒化身。曾有一位巴利王凭借所获得的神力占领了三界，众神因此而无家可归。众神之母向毗湿奴求救，毗湿奴便投身为她腹中的胎儿，后诞生为侏儒瓦摩纳。瓦摩纳成人后来到巴利王面前向他传经，巴利王觉得瓦摩纳很有才华，便许诺说"我将满足你的任何要求"。瓦摩纳说："我只要三步之地。"巴利王心想："三步之地能有多大？"便欣然允诺。瓦摩纳顿时现身为毗湿奴，他一步横跨了辽阔大地，二步登天，三步丈量了浩渺天空，把天、空、地三界全部收回给了众神。瓦摩纳三步跨越了三界，因此也被称为"三步神"。

毗湿奴野猪、人狮化身浮雕

年代：公元 8 世纪

材质：石

规格：高 34 厘米，宽 56.5 厘米，厚 10 厘米

出土地：北印度

现展陈于印度国博二楼环廊

  这是一个长条楣刻的残段部分。该残段刻画了毗湿奴的两位化身野猪和人狮的形象，其中的人狮正在将魔王（那个弟弟）撕成碎片；而野猪正在从沉入海底的大地中用长牙将大地女神顶出海面，挽救了大地。

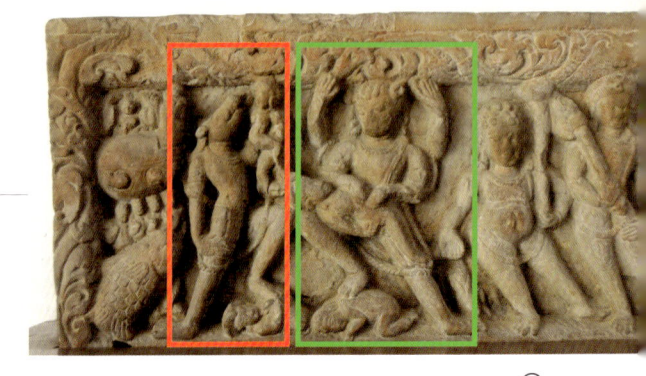

④

毗湿奴的特征

毗湿奴的形象通常为肤色绀青（蓝色皮肤），头戴宝冠，身披粗大花环、宝石等华丽饰物，四臂分别持有法螺、神轮、神杵与莲花等法器，有时坐于莲花之上，有时骑乘金翅鸟，也有时躺在千头蛇那伽的身上。

由毗湿奴坐像（图⑤）可见，毗湿奴的头上戴有高高的宝冠，身上佩戴有华丽的饰物，显得非常雍容华贵，俨然一派王者之相。而毗湿奴的造像基本上都是这类戴有宝冠和佩戴华丽装饰物的形象。究其原因，是因为笈多王朝的多位帝王都是印度教的信仰者，尤其信奉毗湿奴神。笈多帝王们相信作为拯救世界危难、维护世界秩序、保护世界安宁的毗湿奴大神，也必定会护佑笈多王朝之兴旺发达，长治久安。因此，笈多时代所创作（制作）的毗湿奴造像几乎都戴有华美的宝冠，看上去有如当朝王者一般。在此造像中，毗湿奴的四个手臂中右前手残缺，另外三只手中左前手置于左腿上，左后手持有一只法螺，象征降魔的神力（因吹螺之声，声势宏大，远播广闻，故喻降魔之神力）；右后手持神轮，也称"宝轮"，形似一个圆轮、圆盘，寓意"轮回"，即宇宙之轮回、生命之轮回等。通常毗湿奴四臂中的法器除

毗湿奴坐像 ⑤
年代：公元 8 世纪
材质：石
规格：高 165 厘米，宽 85.5 厘米，厚 32.5 厘米
出土地：南印度
现展陈于印度国博笈多王朝陶器和中世纪早期艺术展厅

上述法螺、宝轮外，还有莲花和神杵：莲花，代表圣洁、生命与吉祥等；神杵，象征智慧。

《毗湿奴和他的配偶》石刻造像（图⑥）非常清晰地展现了毗湿奴神的特征：宝冠、法器、华丽饰物，以及头顶由众多的那伽蛇头所组成的装饰与脚下翻腾的浪花纹饰所形成的上下呼应，勾勒出一幅毗湿奴睡在蛇床上的创世场景（毗湿奴神的重要特征之一）。同时，造像者也没忘了在造像的下部、左右两侧为毗湿奴配上一对妻子和神妃。嘿嘿，这就是印度教与世界其他知名宗教的不同之处：印度教的大神都很接地气，或者说印度教非常世俗化。印度教的主神们不仅长了一副人形人貌，并且还都拖家带口，妻妾子孙样样齐全。他们有着与凡人一样的家庭与爱情，也有着超于凡人的神力与法力，让信众们既感觉亲近可亲又无比崇敬。

大鹏金翅鸟，又名迦楼罗、嘎鲁达（Garuda），意为"羽毛美丽者"，在印度教中是毗湿奴神的坐骑。其鹰首人身形象在供奉毗湿奴的神庙中随处可见。嘎鲁达本身在印度教中也是一种神鸟，这种鸟在南亚、东南亚的神话故事中都有出现。印度尼西亚

毗湿奴和他的配偶 ⑥
年代：公元 13 世纪
材质：石
规格：高 98 厘米，宽 50 厘米，厚 25 厘米
出土地：奥里萨邦（Orissa）科纳拉克（Konarak）
现展陈于印度国博 G 层大厅

骑金翅鸟的毗湿奴　⑦
年代：公元 12 世纪早期
材质：青铜
出土地：柬埔寨磅湛省巴迪县（Batheay）
现藏柬埔寨吴哥博物馆

毗湿奴立像　⑧
年代：公元 5 世纪
材质：砂石
规格：高 109 厘米，宽 67 厘米，厚 22 厘米
出土地：北方邦马图拉
现展陈于印度国博笈多王朝艺术展厅

国家航空公司就是以嘎鲁达的名字命名的：嘎鲁达印尼航空（也称印尼鹰航），其尾翼上的 LOGO（标识）就是一只嘎鲁达鸟。

　　印度神话的特点之一就是神话故事和其中的神一直都在与时俱进的更新中，这一点很像那些边拍边写剧本的热播电视剧，编剧们会根据观众的反应随时调整剧情或

　　这件毗湿奴立像原本应该有四个手臂以及下肢部分，现已缺失。尽管如此，我们仍能从这件造像的整体神韵中感受到它所展现出来的庄严以及崇高之感，是笈多时代印度教造像艺术的名作之一。

角色。同样，印度人民也随着时代的变迁不断地对神话中的创世剧情进行着调整。此时创世大戏中的男一号不再是创世神梵天，而是换成了毗湿奴，梵天在新剧本中被降格为配角。

新版本中，每劫伊始，首先出场的是毗湿奴，他沉睡在以大蛇那伽的身体盘成的蛇床上优哉游哉地漂浮于宇宙之海中……毗湿奴从睡梦中醒来……他的肚脐上生出一朵莲花……莲花中的梵天开始创造世界（梵天以配角的地位出场）。

而每到劫末之时，印度教三大主神的另一位，毁灭之神湿婆跳着天舞将世界毁灭。世界就在毗湿奴反复沉睡与苏醒、梵天不停地创世、湿婆不断地毁灭的循环往复中绵延不绝。

小知识

劫，梵语为 kalpa，音译劫波，原婆罗门教的时间单位，一劫相当于四十三亿二千万年（4320000000 年），后佛教、印度教沿用之。

毗湿奴和他的爱妻

毗湿奴与妻子拉克希米　⑨
年代：公元 11 世纪
材质：石
规格：高 127 厘米，宽 66 厘米，厚 29 厘米
出土地：中央邦卡久拉霍（Khajuraho）
现展陈于印度国博 G 层大厅

毗湿奴和他的爱妻拉克希米（Lakshim 也称吉祥天女，是印度教中的幸运与财富女神）住在群仙所居住的弥卢山顶，他们相亲相爱，是印度教神话中让人艳羡的一对甜蜜夫妻。在每一个毗湿奴与拉克希米女神的合

毗湿奴与妻子拉克希米（局部） ⑩

像中总能看到拉克希米夫唱妇随的身影：当毗湿奴躺在那伽蛇床上沉睡时，拉克希米总是体贴地为他按摩莲花足；当毗湿奴变作各种化身拯救世界时，拉克希米也总是随之化现在人间。

在《毗湿奴与妻子拉克希米》石造像中，创作者把两位神仙之间的甜蜜爱情透过面部表情以及肢体语言表现得生动逼真，细腻入微——拉克希米深情的望夫眼、夸张的S形肢体以及毗湿奴紧揽细腰无比享受的表情，仿佛让冰冷的石头也燃烧出了爱的欲火。

毗湿奴与拉克希米是神界最恩爱的伉俪，他们心心相印，相厮相守，直到地老天荒。

小知识

弥卢山，由梵语Sumeru（须弥卢）而来，也作须弥卢山、须弥山等；简写为Meru，即弥卢山，弥留山等。须弥山是印度神话中的名山，被视为大地和宇宙的中心，日、月、星辰围绕其运行，众天神（大梵天、毗湿奴、湿婆等）居住其中。后佛教之宇宙观沿用之，谓以须弥山为中心，以铁围山为外廓，同一日月所照的四天下，包括下至地狱，上至非想非非想天的全部三界，为一个小千世界。一千个这样的小千世界称为一中千世界，一千个中千世界为一大千世界，合小千、中千、大千总称为三千大千世界。

而每一世界最下层系一层气，称为风轮；风轮之上为一层水，称为水轮；水轮之上为一层金，称为金轮；金轮之上即为山、海洋、大洲等所构成之大地。须弥山即位于此世界之中央。

附

毗湿奴立像　⑪

年代：公元 12 世纪
材质：石
规格：高 105 厘米，宽 69 厘米，厚 22 厘米
出土地：德里梅赫萝莉
现展陈于印度国博 G 层环廊

毗湿奴立像　⑫

年代：公元 11—12 世纪
材质：石
规格：高 72 厘米，宽 37 厘米，厚 10 厘米
出土地：印度东部
现展陈于印度国博 G 层环廊

毗湿奴立像 ⑬

年代：公元 8 世纪
材质：石
规格：高 173 厘米，宽 92.5 厘米，厚 40 厘米
出土地：印度北部
展陈于印度国博 G 层环廊

毗湿奴立像 ⑭

年代：公元 11 世纪
材质：石
规格：高 86 厘米，宽 35 厘米，厚 8 厘米
出土地：印度东部
现展陈于印度国博 G 层环廊

毗湿奴坐像 ⑮

年代：公元 15 世纪
材质：石
规格：高 138 厘米，宽 62 厘米，厚 39 厘米
出土地：印度南部
现展陈于印度国博 G 层环廊

大鹏金翅鸟 ⑯

年代：公元 10 世纪
材质：砂岩
出土地：柬埔寨帕微夏省贡开
现藏柬埔寨吴哥博物馆

⑰

拉克希米坐像

年代：公元 9 世纪
材质：石
规格：高 42 厘米，宽 31 厘米，厚 10.5 厘米
出土地：比哈尔邦（Bihar）
现展陈于印度国博二层环廊

　　拉克希米女神的头顶上方左右各有一只大象正在用鼻子向拉克希米女神喷水。在与拉克希米有关的艺术作品中常会看到女神的两侧各有一只大象在向她喷水，寓意圣洁、美好、幸运。有时也用硬币代替，象征财富。拉克希米在造像（或艺术作品）中常被描绘成手举莲花或坐于、立于莲花座上的形象。

一场意外的婚姻变故，成就了一位宇宙超级大神

> 在《墨西哥国家人类学博物馆》中，我们梳理了"玛雅人推算出2012年12月21日是世界末日"传说的来龙去脉。尽管最后证明该传说是个乌龙事件，但"世界末日"这个问题在当时确实是惊扰了很多人。
>
> 宇宙世界真的有末日吗？如果有，它将会以何种形式被毁灭？
>
> 关于这个问题，古印度人民有说法。

宇宙世界的终结者——湿婆

湿婆，宇宙世界的毁灭之神，印度教三大主神之一。兼具生殖与毁灭、创造与破坏双重神性，同时又是舞蹈之神。

湿婆跳着天舞完成宇宙世界的毁灭与重生。

①

骑乘公牛的湿婆

年代：公元 13 世纪
材质：石
规格：高 78.0 厘米，宽 43.0 厘米，厚 23.0 厘米
出土地：奥里萨邦科纳拉克
现展陈于印度国博 G 层晚中世纪艺术展厅

此造像中湿婆三眼、四臂（皆已缺失）、公牛、林伽等特征非常清晰。

三眼　② 　　公牛　③ 　　林伽　④

● **湿婆的神力与特征**

湿婆的特殊神力构成了他的特征：三眼、四臂、骑公牛、林伽高举。

三眼： 指湿婆的额头中间有一只特殊的第三只眼。传说这第三只眼不仅能洞观宇宙世界，还能喷射出来神火将整个宇宙全部毁灭。因此，眉心之间的第三只眼是湿婆形象的一个重要特征，有此第三眼者必是湿婆无疑，此为判定是否湿婆的最准确、最简捷的方法。

四臂： 湿婆有四臂。其手臂中通常持有三叉戟、斧头、手鼓等法器。其中手鼓所发出的律动节奏象征着宇宙新纪元的开始，湿婆踏着手鼓的韵律创造新世界。

公牛： 湿婆的坐骑是一头名叫南迪的公牛。南迪在印度教中的名气与地位要比普通大神高得多，所谓仆从主贵。这也是为什么牛在印度都横着走，随时想歇脚了，马路中间随地便卧，而开车的司机们竟都毫无脾气地自觉绕行的原因所在。牛，在印度非普通之动物，它是宇宙第一大神湿婆的坐骑，乃神牛也！

林伽： 林伽意同男根、男性生殖器、阳具等。印度教崇尚生殖、膜拜林伽。因湿婆兼具生殖神性，因此湿婆造像中常常显示为林伽高举的状态，此为湿婆造像的重要特征之一。与林伽相伴，或林伽高举者必是湿婆。

另外，湿婆的一些其他特征也可作为判定依据。如头戴新月，颈绕长蛇，腰缠虎皮等。只要造像或艺术作品中出现其中的一个或几个特征，便可判定为湿婆。

早年的湿婆在天界的地位并不似今天这般如日中天，但他凭着能歌善舞、多才多艺，楞是娶了背景相当了得的一位女神做了老婆——宇宙第一大神梵天的孙女萨蒂（Saati，也即后世的帕瓦蒂）。艳福着实不浅。

湿婆与萨蒂相亲相爱，日子过得幸福和美。

湿婆与帕瓦蒂的婚礼　⑤
年代：公元 10 世纪
材质：石
规格：高 52 厘米，宽 31 厘米，厚 19.5 厘米
出土地：比哈尔邦
现展陈于印度国博 G 层环廊

● **湿婆的婚恋**

湿婆是印度教三大主神中出镜率最高的一位，在印度的许多名胜古迹、石窟以及博物馆中都能见到他的身影。

作为毁灭之神，湿婆的"毁灭"神力并非与生俱来，若不是一场意外的婚姻变故，他或许就夫妻和美、事业平平地过自己的神仙小日子了。但是，世界上没有如果：他的爱妻死了，且死得相当壮烈。

湿婆与帕瓦蒂的婚礼　⑥
年代：公元 9 世纪
材质：石
规格：高 98.5 厘米，宽 68.5 厘米，厚 23.5 厘米
出土地：拉贾斯坦邦（Rajasthan）巴拉特布尔（Bharatpur）
现展陈于印度国博 G 层环廊

这天，梵天的儿子达刹举行盛大宴会，邀请了宇宙中的几乎所有神仙前来参加，却唯独没有邀请女婿湿婆。萨蒂对此十分生气，并在晚宴现场当众与父亲达刹争吵起来。而众神对此却七嘴八舌地敲着锣边，对湿婆极尽冷嘲热讽之意。总之，大家都没看得起这位"小神"湿婆。

作为第一孙公主，萨蒂的脾气那是相当的刚烈！她认为是自己的原因让湿婆蒙了羞，强烈的愧疚感使她悲愤难抑，只见她纵身一跃跳进火海：自尽了。

情场失意带给人的打击，有时比生活的苦难更让人绝望。伤心欲绝、万念俱灰的湿婆带着一颗破碎的心远走他乡，隐遁于喜马拉雅雪山的吉婆娑山隐修苦行。

万年过去，萨蒂转世成帕瓦蒂（Parvatī）——雪山神女。由于前世的姻缘，雪山神女依然深爱着湿婆。她渴望与湿婆再度梅开，并明里暗里制造了很多次机会，却怎奈湿婆早已清心寡欲、心如止水……

最终，在爱神伽摩的帮助下，雪山神女终于感化了湿婆，两人结为夫妻。

而此时的湿婆，经过了喜马拉雅山上的万年苦行修炼，已经获得了非凡的智慧与神奇的功力，拥有了毁灭天地的超级神功，成为宇宙世界三足鼎立中的超级大神。

湿婆与帕瓦蒂 ⑦
年代：公元 8 世纪
材质：石
规格：高 73.5 厘米，宽 46.5 厘米，厚 14 厘米
出土地：印度西部
现展陈于印度国博二楼环廊

⑧

湿婆与帕瓦蒂

年代：公元9—10世纪
材质：石
规格：高56厘米、宽42厘米、厚16厘米
出土地：印度北部
现展陈于印度国博二楼环廊

此造像中湿婆的三眼、林伽、公牛特征非常明显。

　　印度国博所展出的湿婆与帕瓦蒂的合像非常多，它们出自不同的时代、不同的地区、不同的工匠之手，但造像形式整体看下来却是大同小异，以坐像为多。坐像中，湿婆的体格多数都明显大于帕瓦蒂，一方面是为了突出湿婆三大主神的地位，另一方面也为了塑造壮男娇妻的视觉效果。合像中，帕瓦蒂总是坐在湿婆的一侧深情地望向湿婆，她高耸的乳房也总是紧贴着湿婆的胸膛，而湿婆每每也都是将娇小依人的帕瓦蒂亲密无间地搂在怀中，真是羡煞人也。中国古代有诗曰"只羡鸳鸯不羡仙"，那是因为不知道神仙中也有像湿婆和帕瓦蒂这样的鸳鸯，他们不仅爱了今生今世，还爱到了来生来世、永生永世，而世间的鸳鸯无论多么相亲相爱也就只有一生一世，你说到底谁该羡慕谁？

135

湿婆与帕瓦蒂 ⑨

年代：公元 10 世纪
材质：石
规格：高 57 厘米，宽 41 厘米，厚 19.5 厘米
出土地：哈里亚纳邦罗塔克县（Rohtak）古吉拉赫里（Gujjarkheri）
现展陈于印度国博二楼环廊

此造像中，湿婆的三眼、公牛元素明显，而林伽元素需要仔细辨认。实际上，只要有三眼的特征就足以判定是湿婆造像了。

湿婆与帕瓦蒂 ⑩

年代：公元 11 世纪
材质：石
规格：高 68 厘米，宽 31.5 厘米，厚 10 厘米
出土地：印度东部
现展陈于印度国博 G 层环廊

● 湿婆林伽相

　　林伽相，即男根相。湿婆作为生殖、创造、毁灭之神，常以林伽造型作为象征，印度各地的湿婆神庙中大多都供奉有林伽造像。

　　林伽是湿婆的重要化身之一，是湿婆强大生殖力和创造力的象征。根据神话传说，湿婆除了具有毁灭世界的神力外，还有创造万物的神力，他因此以林伽化身下凡人间创造出新世界。

　　林伽作为湿婆生殖神力的象征，常伴与湿婆同现，譬如湿婆林伽相（图⑪，图⑫）都是在以林伽为背景的基础上再雕以湿婆形象的合像。但有时林伽也作为湿婆的象征而独立存在，当你看到一个独立的林伽造像时，它实际上也是代表了湿婆本尊。

　　这尊《湿婆林伽相》（图⑪）中的林伽造型被刻画成了宇宙支柱的样子，湿婆由宇宙支柱中出现，寓意了他的创世神力，也隐喻了万物由林伽而来的宇宙观。

湿婆林伽相　　　　　　　　　　⑪
年代：公元12世纪
材质：石
规格：高107厘米，宽36厘米，厚32.5厘米
出土地：印度南部
现展陈于印度国博G层晚中世纪艺术展厅

印度教崇尚生殖，体现在对林伽的膜拜上。印度著名旅游观光胜地卡久拉霍的性庙群，就是以性爱为主题的石刻艺术大世界，那里众多的以性爱为主题的石刻作品情节之生动、刻画之细微让观览者惊愕不已！各种少儿不宜的辣眼画面甚至让一众成年观众也有些不忍直视。然而，这些场景在印度人眼里就像是在观看宇宙起源的奥秘。在印度人的世界观中，性是宇宙诞生的原动力，而林伽是宇宙的支柱，一些信徒还因此把林伽的造像摆放在家里以供膜拜。

说到底，印度教对林伽的崇拜本质上是对生命力与创造力的崇敬与膜拜。

⑫ 湿婆林伽相
年代：公元5世纪（印度笈多王朝）
材质：砂石
规格：高76厘米，宽26厘米，厚41厘米
现展陈于印度国博笈多王朝艺术展厅

此《湿婆林伽相》中，以上圆下方的一根石柱象征林伽，并于林伽上雕刻湿婆浮雕头像。

印度教认为"毁灭"中包含着"再生"。湿婆作为生殖与毁灭、创造与破坏双重神力的大神，负责在旧时代结束之时毁灭世界并为新世界的再生创造生机，他在毁灭宇宙万物的同时也萌动着再生的力量。在这一点上，古代印度哲学思想和中国传统哲学思想有着共通之处，都具有辩证思想。中国太极图中的阴阳鱼所蕴含的就是"对立与统一，转化与共生，盛极必衰，衰极必返"的哲理。这或许也是湿婆能够一步步走上神坛巅峰的原因：他被一代代的先哲以印度传统哲学的思想不断加以完善，最终成为了印度宇宙观、世界观的具象体现者，并因此吸引到最广泛的民众崇拜与敬仰，被视为宇宙最高之神。由这件《带有湿婆、梵天、毗湿奴三位主神的石楣梁》可见，画面中湿婆处于C位，是整个构图中的绝对中心与主角，而左边的梵天（黄框内）和右边的毗湿奴（绿框内）无论是人物比例还是位置都显然处于配角的地位，反映出三大主神在这一时期的地位关系。

除了林伽相，湿婆还呈现有恐怖相、三面相、舞王相、瑜伽之主相、半女之主相诸相，寓意了从生殖、创造、死亡到毁灭等各种生命状态，暗示了宇宙世界的起源、本质和奥秘。这其中以舞王相最为重要，也最为著名，原因之一是湿婆之舞象征着宇宙世界

带有湿婆、梵天、毗湿奴三位主神的石楣梁　⑬
年代：公元12世纪
材质：石
规格：高102厘米，宽348厘米，厚37.5厘米
出土地：安得拉邦瓦兰加尔（Warangal）／现展陈于印度国博G层环廊

处于一个永恒的毁灭与再生的无限循环中，体现了古印度人对于宇宙世界起源、发展、毁灭的思想认识，代表了古印度人的宇宙观与世界观；原因之二，青铜器展厅所展示的《舞王湿婆青铜像》是印度国博的镇馆之宝，这件精美的青铜器让更多的人认识并了解了湿婆之舞，也即湿婆的舞王相。（详情见本书《印度国家博物馆镇馆之宝——舞王湿婆青铜像》）

湿婆半身像 ⑭
年代：公元 7 世纪
材质：石
规格：高 51 厘米，宽 31 厘米，厚 19 厘米
出土地：中央邦瓜里尔（Gwalior）
现展陈于印度国博 G 层环廊

⑮ **带装饰的林伽**

年代：公元 11 世纪，柬埔寨巴普昂寺风格
材质：砂岩
出土地：柬埔寨暹粒省吴哥地区
现藏柬埔寨吴哥博物馆

这件林伽作品的周围刻有湿婆与帕瓦蒂坐在公牛背上、毗湿奴骑乘大鹏金翅鸟、梵天坐在席卷上等图案。

⑯ **帕瓦蒂女神石像**

年代：公元 11 世纪
材质：石
规格：高 73 厘米，宽 33 厘米，厚 14 厘米
出土地：帕拉（Pala）
现展陈于印度国博 G 层环廊

造像下部、帕瓦蒂女神左右两侧者是女神与湿婆所生的两个儿子：象头神伽尼沙和战神塞犍陀。

帕瓦蒂女神石像 ⑰
年代：公元 16 世纪
材质：石
规格：高 94.5 厘米，宽 46 厘米，厚 21.5 厘米
出土地：印度南部
现展陈于印度国博二楼环廊

印度国博 G 层入口长廊展厅

印度国博笈多王朝陶器和中世纪早期艺术展厅

印度国博二楼环廊展厅

一个能扫平一切的"神二代"

印度国博中展示有许多象首人身形象的石刻造像,它们千姿百态,甚是可爱。这位象首人身的印度神被尊称为"象头神",名叫"伽尼沙(Ganesha)",是个标准的"神二代"。他的老爸是印度教三大主神之一的湿婆神,他的老妈是雪山神女帕瓦蒂。拥有这样家庭背景的伽尼沙,无疑是个人见人爱、花见花开的高富帅。

伽尼沙,湿婆与雪山神女帕瓦蒂之子,印度教中象征智慧的智慧之神。因为具有象首人身的特征,故被称为"象头神"。

象头神在印度教中具有非常高的地位。在印度,无论你是旅行还是去博物馆参观,都随处可见他的身影。他是印度人心中的超级大明星,人们在升学考试、开店经营等各类日常事务中都要去给他进香上供,以求吉星高照,万事亨通。

象头神伽尼沙
年代:公元10世纪
材质:石
规格:高46厘米,宽31厘米,厚14厘米
出土地:比哈尔邦
现展陈于印度国博晚中世纪艺术展厅

念珠

板斧

断牙

糖果（碗）

象头神伽尼沙 ②

年代：公元 7—10 世纪
材质：砂岩
规格：高 1.48 米
出土地：爪哇州（印度尼西亚）*
现藏印度尼西亚国家博物馆

* 印度尼西亚历史上曾为印度教国家。

伽尼沙的神力与特征

象头神伽尼沙是印度教神祇中最好辨识的一位,因为他长着一个象首,形象特征非常明显。他胖乎乎的手脚、圆腩腩的小肚、忽闪闪的大耳朵、长卷卷的鼻子,尤其是那颗残缺的断牙更是为他增添了不少俏皮与可爱,最神奇的是他的坐骑是一只小老鼠。(大象骑老鼠,印度人民的想象力实在是太丰富啦!)

伽尼沙的四臂(手)中分别持有:一手举斧头,象征着可以排除一切障碍,故又被称作"破除障碍神";一手持念珠,代表宗教寓意;一手托糖果(有时糖果放在碗中),表现了他依然是个馋嘴小淘气的样子,馋嘴的他总是忙不迭地用鼻子往嘴里送零食;一手握着他的右牙,象征智慧。

伽尼沙,一个充满智慧又能够破除一切障碍的文武全能的神。

象头神伽尼沙 ③
年代:公元11世纪
材质:石
规格:高53厘米,宽47.5厘米,厚15.5厘米
出土地:中央邦
现展陈于印度国博G层环廊

伽尼沙被砍头，都是太帅惹的祸

伽尼沙，这位曾经的高富帅，因为一次偶然事件致使首级被砍，从而颜值一落千丈。尽管仍然具有地位高、家境好的优势，但跟帅却是一点儿都不沾边了。

怎么回事？什么人敢砍"神少"的头？

然而，砍下伽尼沙首级的不是别人，正是他的老爸——法力无边的湿婆大神。

传说，常年居住在喜马拉雅山的湿婆与雪山神女结婚多年却膝下无子。在湿婆外出修行的漫长岁月里，某天，雪山神女利用自身法力创造出了一个男婴并赋予了他生命，这个男婴便是伽尼沙。

时间一晃过去了很多年。伽尼沙长成了一个标致的帅哥。

这天，雪山神女要沐浴，她叮嘱儿子伽尼沙在门外把守，任何人不得入内。

偏巧，就在这时湿婆大神远行归来。他看到门外站着一个英俊的帅小伙儿，疑心窦生，醋意大发。却偏偏这小帅哥又死活不让他进门，一怒之下，他举刀砍下了帅哥的脑袋。

④ 象头神伽尼沙
年代：公元6世纪
材质：石
规格：高83厘米，宽38厘米，厚36厘米
出土地：古吉拉特邦（Gujarat）昆代尔（Kundal）
现展陈于印度国博二楼环廊

此造像中，伽尼沙的左下手托着一个糖果碗，右下手握着一颗断牙，左上手持板斧，右上手似握有法螺。

雪山神女闻讯出来，看见儿子被砍了头，顿时痛不欲生。

湿婆得知真相后也悲痛欲绝，他急忙跑去向守护神毗湿奴求救。毗湿奴听罢，告诉湿婆：大佬明天一早按我所说的路线下山。取所见的第一个动物的首级拿回家给贵公子接上，贵公子便可复活。

第二天一早，湿婆起身下山。他遇见了一只小象。于是，伽尼沙就变成了象首人身的模样。

也许是拥有了大象首级的缘故，伽尼沙智慧无穷，他被尊为印度教中的智慧之神。

伽尼沙的断牙

伽尼沙不仅智慧无穷，而且还诗书满腹。传说为了记录《摩诃婆罗多》史诗，伽尼沙用尽了所有的笔却仍没有记录完，因为史诗太长了。情急之下，伽尼沙竟折断了自己的长牙作为记录工具（真是太拼了！）。因此，在造像作品中，伽尼沙常常被塑造为一个手握断牙的形象，此处断牙象征着笔，代表着智慧，寓意伽尼沙是智慧之神。同时也暗喻世上没有完美之事，要想实现心愿就会有所付出。

伽尼沙与老鼠坐骑　⑤
年代：公元 13 世纪
材质：石
规格：高 51 厘米，宽 25 厘米，厚 17 厘米
出土地：奥里萨邦
现展陈于印度国博二楼环廊

此外，民间也流传着伽尼沙的断牙与月亮盈亏圆缺之间的一段神话传说。

传说在一次晚宴结束后，微醉的伽尼沙骑着他的坐骑小老鼠一路摇摇晃晃地回家去。途中，伽尼沙不小心从小老鼠的身上摔了下来，圆鼓鼓的小肚皮一下子就摔豁了，里面的零食撒了一地。这一幕恰巧被月亮小姐姐看到了,她不禁咯咯地笑出了声。

看到美女在偷笑自己,恼羞成怒的伽尼沙抬手将自己的长牙折断,然后奋力向月亮掷去。月亮小姐姐被吓得连忙躲进了夜空,好多天都没敢露面。后来人们就用这个故事来解说月之盈缺。

话说湿婆误砍了伽尼沙的头后,懊悔不已。于是,他利用权力之便,命令诸神必须无条件地帮助象头神完成其所有的心愿。从此,只要象头神心有所想,便能心想事成,无往而不胜。因此,他又被称作"破除障碍神"。其形象常被描绘成一只手高举板斧的样子,喻示破除一切障碍,所向披靡。

象头神在印度教中是最受人们喜爱的神灵,也是最具人气之神。他信众广泛,深得民众爱戴。作为智慧之神和破除障碍神,人们在结婚、上学、开店、出行等仪式上都要先拜拜象头神,因而他的糖果碗里永远都不缺少零食。在印度,每年一度的象头神诞辰节更是人们最隆重的节日。倘若你有幸正好赶在8—9月期间去印度旅行,说不定就能看到那举国欢庆的宏大场面。

手握断牙的伽尼沙　　　　　　　　　⑥
年代:公元 4—10 世纪
材质:石
出土地:爪哇地区
现藏印度尼西亚国家博物馆

⑦ 伽尼沙和他的配偶
年代：公元 13 世纪
材质：石
规格：高 71.8 厘米，宽 67.5 厘米，厚 21 厘米
出土地：拉贾斯坦邦
现展陈于印度国博二楼环廊

伽尼沙的坐骑小老鼠在他的右小腿下方。

⑧ 湿婆、帕瓦蒂和他们的儿子塞犍陀*
年代：公元 7 世纪
材质：石
规格：高 114.5 厘米，宽 100 厘米，厚 23 厘米
出土地：印度南部
现展陈于印度国博二楼环廊

塞犍陀，印度教中的战神。伽尼沙、塞犍陀同为湿婆与帕瓦蒂之子，只是两位"神少"并非像凡人那样是由父母双方的精卵结合孕育而生。

⑨ 战神塞犍陀
年代：公元 12 世纪
材质：石
规格：高 112 厘米，宽 66 厘米，厚 26 厘米
出土地：印度南部
现展陈于印度国博 G 层长廊

战神塞犍陀拥有六头六臂，以孔雀为坐骑。

*坐在两神中间者即塞犍陀。

印度教经典典籍与经典神话

古印度文明为世界留下了两部宏大的史诗：《摩诃婆罗多》与《罗摩衍那》（*Ramayana*）。这两部以神话故事为内容的文学巨著是后人了解印度文明及其历史的重要途径。而这两部鸿篇巨著最初则是以民间口口相传的形式传播与发展起来的。

《摩诃婆罗多》

"摩诃婆罗多"中，摩诃：伟大，婆罗多：家族名；摩诃婆罗多：伟大的婆罗多族。

《摩诃婆罗多》以婆罗多族两大后裔俱卢族与般度族争夺王位的惨烈故事为主线，讲述了婆罗多族后裔之间同室操戈、兄弟残杀的悲壮故事。其中包含有众多的神话传说、传奇故事、民间故事以及寓言故事等内容，涉及不同时期的政治、经济与文化等诸多方面，是古代印度文明史"百科全书式"的圣典巨著，被喻为"印度的灵魂"。

《摩诃婆罗多》是目前已知的世界上最长的史诗之一，约长10万颂*。它最初起源于吠陀时代，是由一些吟游诗人把他们所看到的战争中武士们英勇作战的事迹以及国王的功绩等通过诗歌的形式表达称颂与赞美，由此受到社会的广泛欢迎。另有一些说书人、歌者通过走街串村的表演形式将这些故事逐渐传播开来。这些口头文学为日后《摩诃婆罗多》的成书奠定了基础。《摩诃婆罗多》最初的形式是以讲故事为主的生活文学，后经吟游诗人加工提炼形成梵语诗文体

---

* 颂，古印度常用诗体单位，每颂两行32个音节。

形式。《摩诃婆罗多》的内容为长期收录与整理所成，其成书过程约在公元前4世纪至公元4世纪间（说法不一）。

● 《摩诃婆罗多》梗概

很久、很久以前，天上有八位神仙兄弟。

这天，八位兄弟相约带着各自美丽的妻子下凡自由行。在凡间，他们看到了一头非常美丽又可爱的小母牛。其中一位神仙的妻子建议说："这么可爱的小母牛，我们把它带回天上吧。"众仙及其妻们都赞同这一提议并真的把它带回了天宫。

殊不知，这小母牛早已名花有主，并且后台强大：主人是极欲仙人，一位功力极高的神仙。

极欲仙人得知是八仙兄弟偷走了他的小母牛，他大发雷霆并诅咒道："罚你们都下落到人间去做凡人吧。"八仙兄弟为此后悔莫及，连忙向极欲仙人请罪。极欲仙人看在是天界同事的分儿上就给了八仙兄弟一个面子。但是碍于神仙所发出的诅咒不能收回的天界规定，他降低了诅咒的级别，即其中七个兄弟只需下凡走一遭即可再回天宫继续做神仙，但主谋，即那位提议把母牛带回天宫的女人的丈夫，则必须下凡做人。

无奈之下，八仙兄弟只好去求恒河女神。面对八仙兄弟的苦苦相求，恒河女神答应出手相助："我下凡去和凡人结婚生子。前七子生下后，我把他们扔到恒河里代替你们洗除罪孽，从而使你们得道升天重为神仙，而第八个孩子则只能留在人间。"

①

恒河女神＊

年代：公元5世纪
材质：陶
规格：高171厘米，宽74厘米，厚40厘米
出土地：北方邦阿希切特拉（Ahichchhatra）
现展陈于印度国博笈多王朝陶器和中世纪早期艺术展厅

笈多时期印度教神庙的门旁常以恒河（甘迦）女神和耶木纳（Yamuna）河女神的雕像进行装饰。这件甘迦女神的手上托着水罐，站立在摩羯鱼的背上，摩羯鱼象征着河水旺盛的繁殖力；女神衣裙上的波纹皱褶看上去宛若是在水中漂游一般；女神身旁有女侍为其撑举带有旗饰的伞盖。无论是女神还是女侍，她们的姿态造型都非常优美动人。

恒河女神化身成一位美貌无比、身姿婀娜的曼妙女子来到人间。一位名叫福身王的国王为她的美貌所倾倒并疯狂求婚。他无条件地接受了恒河女神所提出的两个婚前协定："不要问我从哪里来，也不要干涉我做任何事，如果违背协定，我将随时离开。"已经被美色迷得神魂颠倒的福身王哪里还有说不的定力？

> **小知识**
>
> 恒河是印度的母亲河，是印度人心中的圣河。

＊恒河女神，也称甘迦（Ganga）女神。

婚后，恒河女神每年为福身王生一子，且又把他们一个个地扔进了恒河里。直到第八个孩子出生时，福身王实在是忍无可忍了，他阻止了恒河女神的荒谬行为。孩子的命保住了，但是，他们的婚姻也因为福身王违背了婚前约定而告终。

恒河女神带走了第八子。她把他送到了极欲仙人处去修炼。多年后，修业有成的第八子又回到了福身王身边。福身王将其立为太子。

但是，某一天，福身王在恒河岸边又一见钟情地爱上了一位美丽动人的渔家女而不能自拔。一切便从这一天开始逆转了。

未来的岳父向福身王提出了嫁女条件："你必须答应将我女儿生的孩子立为太子。"

福身王与渔家女结婚了。原太子（恒河女神的第八子）为了不让父亲为难，主动放弃了太子之位。

福身王与渔家女育有两子：一子早年夭折，另一子名奇武。

奇武生两子：**持国、般度。**
持国育100子（俱卢族）
般度育5子（般度族）

恒河女神（局部） ②

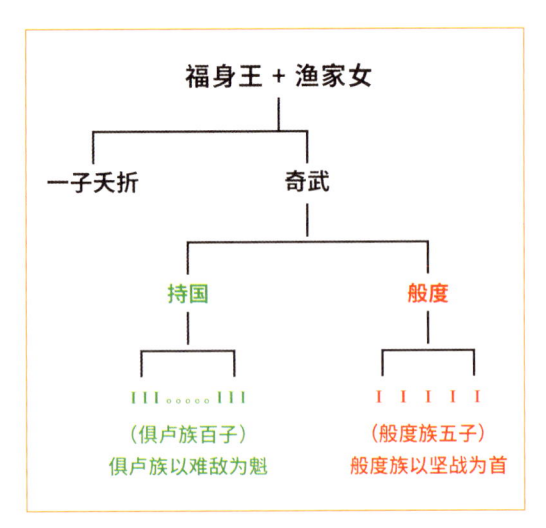

```
      福身王 + 渔家女
       ┌────┴────┐
     一子夭折     奇武
              ┌────┴────┐
             持国        般度
              │          │
          ||||…||||   |||||
         （俱卢族百子） （般度族五子）
         俱卢族以难敌为魁 般度族以坚战为首
```

福身王后裔家谱图

王位传到了持国与般度这一辈时，由于持国眼睛瞎了，便由弟弟般度继承了王位。不久，般度过世，王位又回到了持国手中。

持国的长子名**难敌**，他对叔叔家以**坚战**为长兄的五位堂兄弟非常嫉妒与仇视，他总是担心将来有一天他们会妨碍自己继承王位。于是他多次处心积虑地设计将五位堂兄弟置于死地。幸而坚战五兄弟总能化险为夷地逃脱掉。

这天，难敌又心生一计。他对坚战说："咱们以掷骰子的方式来决胜负吧。输的一方必须在外流放12年。"不幸的是，这一次坚战兄弟输了。他们自觉地在外流浪了12年。

到了第13年，坚战派了使者向难敌索讨国土。难敌竟拒不履行承诺。双方终于在"俱卢之野"（今印度首都德里附近）爆发了一场不可避免的恶战——史上著名的"俱卢之战"。当时印度半岛上的国家几乎都参与到了这场俱卢大战中。

经过18天惨烈的激战，所有参战将士全部裹尸疆场，无一生还。难敌的99个兄弟也在这场战斗中丧命，只有难敌一人逃脱了。

难敌逃到了一片芦苇丛中，仅靠一根芦管与水面相通，但最后还是被坚战兄弟发现并杀死了。

坚战终于做了国王。这个淌着无数族人与将士鲜血的王位实在是太血腥了。坚战回首这一路的刀光剑影、血雨腥风给人民带来的深重灾难，痛心疾首，愧疚无比。他决定交出王位。

之后，坚战带领四兄弟去了喜马拉雅山隐遁修行。

最终，五兄弟都升入了天堂。

③ 甘迦女神

年代：公元 11 世纪
材质：石
规格：高 91 厘米，宽 43 厘米，厚 25 厘米
出土地：中央邦
现展陈于印度国博二楼环廊

女神头顶上方有一个非常美丽的伞盖。

④ 甘迦女神

年代：公元 8—9 世纪
材质：石
规格：高 120 厘米，宽 57 厘米，厚 15 厘米
出土地：印度北部
现展陈于印度国博二楼环廊

女神脚下的摩羯鱼和浪花表明了河神的身份。

⑤

甘迦女神门柱（残段）

年代：公元 10 世纪
材质：石
规格：高 63 厘米，宽 39 厘米，厚 26 厘米
出土地：印度北部
现展陈于印度国博笈多王朝陶器和中世纪早期艺术展厅

这件造像中的女神和打伞盖的女侍姿态呈迷人的 S 形，尤其是女侍的侧身体形，尤为魅惑撩人。

⑥

耶木纳女神*

年代：公元 8 世纪
材质：石
规格：高 63.5 厘米，宽 43.5 厘米，厚 15.5 厘米
出土地：中央邦
现展陈于印度国博 G 层长廊

女神、女侍、伞盖、乌龟、浪花，河神造像的标配元素在这件造像中完美呈现。

*河神。

⑦

耶木纳女神
年代：公元 5 世纪
材质：陶
规格：高 178 厘米，宽 69 厘米，厚 42 厘米
出土地：北方邦阿希切特拉
现展陈于印度国博笈多王朝陶器和中世纪早期艺术展厅

这件耶木纳女神的手上同样也托着水罐，她站立在神龟的背上，神龟是河水旺盛繁殖力的象征。为了突出河水对沿岸土地与人民的哺育与滋养，雕塑家特别强调了女神的乳房。

《罗摩衍那》

罗摩衍那，梵文意为"罗摩传"，讲述了一个有关阿逾陀国王子罗摩的曲折动人的神话故事。

《罗摩衍那》以阿逾陀国王子罗摩与妻子悉多悲欢离合的爱情故事为主线，表现了古代印度宫廷内部权力斗争以及列国之间势力争霸的社会现实，歌颂了生活中的善良与正义、鞭笞了奸诈与残暴。其中所宣扬的道德观、宗教观、价值观对印度社会产生了巨大的影响，被认为是印度文化的根源。时至今日，印度的政策、政令、法律等制度的制定与实施依然受到其影响。

《罗摩衍那》约长20000颂，成书年代约为公元前三四世纪至公元前2世纪之间。书中所塑造的众多光明正气、神勇威猛、可亲可敬的人物形象千百年来一直深受印度人民的喜爱，尤其是对神通广大、降妖伏魔、灵气活现的神猴哈奴曼（Hanuman），人们更是喜爱有加。

在介绍《罗摩衍那》的故事之前，我们首先隆重介绍一位印度教的明星大神：神猴哈努曼。

乍一听哈奴曼这个名字，你肯定觉得很陌生，因为它是印度教神祇的名字。但是说起孙悟空，在中国绝对是妇孺皆知。而哈奴曼正是孙悟空的印度籍大表哥。不开玩笑，真的！老孙有外国血统这事儿，很多人都不知道，藏得很深的。哈哈，这条"八卦"留到后面我们仔细说。现在说正文《罗摩衍那》。

《罗摩衍那》梗概

古印度时有个叫阿逾陀的小邦国。国王十车王有两个儿子，罗摩和罗什曼那。后来十车王又娶了个小妃，小妃为他生了个儿子，取名**婆罗多**。

像所有的宫廷大戏一样，小妃为了让自己的儿子婆罗多立为太子可谓用尽心机。最后，她如愿以偿地使婆罗多成为了王位继承人，并且还成功地将罗摩兄弟二人赶出了家门——流放森林14年。

不久，十车王郁闷地死去。婆罗多登上了王位。此一枝暂且不表。

另表一枝：

罗摩带着妻子悉多和弟弟罗什曼那来到了森林。他们与这里的人们相处和谐，日子过得平平淡淡，倒也很自在。

一天，楞伽城的魔王十首罗刹王罗波那来到了森林。罗波那对悉多的美貌垂涎三尺，心里暗算着要把她掳到自己的楞伽城去。

罗波那设计，令小妖假扮成一头金鹿引开了罗摩，并乘机劫走了悉多。

罗摩回来后不见了娇妻，心急万分。他和弟弟两人四处寻找，终未寻见悉多踪影。为此，他们终日愁眉紧锁、茶饭不思。

这天，兄弟二人又在森林里四处找寻悉多的踪迹。他们碰上了神猴哈奴曼。

哈奴曼听罢事情原委，建议说：俺们老大（猴王）最近被他的兄弟抢了王位，心中很是愤懑。不如你们跟俺们老大联手，他帮

猴神哈奴曼 ⑧
年代：公元9世纪
材质：石
规格：高91厘米，宽47.5厘米，厚35厘米
出土地：拉贾斯坦邦奇陶加尔（Chittorgarh）
现展陈于印度国博二楼环廊

你们找回悉多、你们帮他夺回王位。一个好汉三个帮、一个篱笆三根桩，团结起来力量大嘛。

罗摩接受了哈奴曼的建议，与猴王结成

联盟。之后，罗摩帮助猴王打败其兄弟夺回了王位。猴王也随之履行约定，派出了手下大将哈奴曼协助罗摩寻找悉多。

神勇的哈奴曼侦察到悉多被魔王罗波那藏匿在楞伽城，于是率领猴群和罗摩等人一起杀奔楞伽城。

哈奴曼变身一只猫潜入城内。他找到了悉多被藏身的具体位置。不幸的是他被魔王罗波那发现并擒获，魔王点着了他的长尾。然而，这点儿小刑对神猴来说算什么！只见他拖着燃烧的尾巴蹿遍了整个楞伽城，所到之处烈火骤起，楞伽城顷刻间成了一片火海。哈奴曼乘机逃了出去。

跑回罗摩阵营的哈奴曼立刻与罗摩一起率领猴兵猴将以及罗摩大军杀入了楞伽城。其间哈奴曼使出腾云驾雾、排山倒海、摇身一变等各种神法，最终大败群魔，救出了悉多，使有情人终得团聚。

14年后，结束了流放生涯的罗摩回到了阿逾陀国。时任阿逾陀国王的婆罗多（小妃之子）将王位还给了本就该继位的哥哥罗摩。

罗摩时代，太平盛世、国泰民安。

⑨ **猴神哈奴曼**
年代：公元18世纪
材质：石
规格：高91厘米，宽68厘米，厚36厘米
出土地：印度北部
现展陈于印度国博G层环廊

印度人民喜爱哈奴曼的程度可从印度各处的塑像、庙宇中窥见一斑。这尊近乎真猴大小的哈奴曼石像，据推测可能是专门供奉在哈奴曼神庙中的主尊雕像。此石像中的哈奴曼左臂缺失，右臂高举，搭在三层宝冠上的右手俏皮地做了个经典的"V"字造型，显示了神猴的顽皮特性与十足的猴气。耶！

《罗摩衍那》不仅对印度文化影响深远，同时也渗透到了东南亚各国的文化中。印度尼西亚、马来西亚、菲律宾、泰国、柬埔寨等国都有关于罗摩或源于《罗摩衍那》的类似的文学作品。

人们猜测，中国四大名著之一的《西游记》是否也受到了《罗摩衍那》的影响——孙悟空是否"山寨"了哈奴曼？（《西游记》取材于玄奘西行印度回来后所写的回忆录《大唐西域记》）

大学者胡适认为："我总疑心这个神通广大的猴子不是国货，乃是一件从印度进口的。"持此观点的还有陈寅恪先生。**此为进口说**。

"这个猴子至少有一部分有《罗摩衍那》中神猴哈奴曼的影子，无论如何标新立异，这一点也是否认不掉的。"将《罗摩衍那》梵文本翻译成中译本的著名学者季羡林先生在《〈罗摩衍那〉在中国》一文中如是说。**此为混血说**。

然而，鲁迅先生却对此持有不同意见，他坚持认为孙悟空是本土货，认为吴承恩笔下的孙悟空形象灵感来源于水神无支祁（史书记载水神无支祁形似猿猴，火眼金睛。传说无支祁常在淮水兴风作浪，后被大禹捉住，将其镇伏。而大禹时代早于《罗摩衍那》成书时代）。**此为国货说**。

多年来，中国学者们为此争论不迭，最终谁也没能说服谁，至今未有明确定论。不过单从年龄上说，诞生于公元前2世纪的印度猴神哈奴曼可以算是诞生于中国明代的孙悟空的大表哥了，毕竟天下猴子是一家嘛，这说法应该没错。

印度教经典神话故事：《乳海搅拌》

《乳海搅拌》故事梗概

众天神在须弥山上无忧无虑地生活着，尽管他们的寿命比凡人长得多，但仍渴望寻得一种长生不老的甘露用以延年益寿。

天神们将仙草投进乳海，以蛇王的身体作为绳子，以曼多罗山作为搅拌棒，夜以继日地搅动乳海以获取甘露。

妖魔阿修罗也想得到长生不老的甘露，他们也加入到了搅拌乳海的队列中。

众天神和阿修罗们相对地站在蛇身的两边，他们用力地拽拉着蛇身（如同拔河）。在相互拉动的过程中，水里产生了无数的浪花，这些灵动的浪花诞生出一个个生命——飞天（Flying celestials）。这其中最漂亮的一位名叫吉祥天女，她被毗湿奴娶回了家，也就是前文所提到的拉克希米女神。

天神与阿修罗们经过几百年的互相角力、搅拌乳海，长生不老甘露终于浮出水面。不料它却被某阿修罗趁人不备悄悄地偷走了。于是，毗湿奴化身美妙仙女混入阿修

⑩

飞天
年代：公元5—6世纪
材质：石
规格：高86厘米，宽133厘米，厚25厘米
出土地：中央邦松达尼（Sondani）
现展陈于印度国博 G 层大厅

该造像展现了一对男女飞天在天空中翱翔的情景，雕塑家特别以随风飞舞的飘带和男女飞天向后飘起的双腿来表现他们飞翔的姿态。此《飞天》因人物造型优美飘逸，特别是动感形象栩栩如生而成为印度古代艺术的名作，同时也是印度国博的重要馆藏品之一。

罗朋友圈中，以色惑众，天神们趁机拿回了甘露。待阿修罗们发现时为时已晚，天神们已饮尽甘露获得了永生，而阿修罗们则相继下了地狱。

然而，不巧的是，当天神从阿修罗处拿回甘露时，不小心被某阿修罗看到了。它悄悄地摇身变成天神，混进天神群，也分享了甘露。

天神可不是吃素的！正当这厮举杯喝下甘露时，说时迟那时快，天神一刀砍下了它的头。无奈，此时甘露已流至它的喉咙，于是它的头部升入了天堂，身体下了地狱。

《乳海搅拌》作为印度教的经典故事，通过神话寓意了宇宙间正与邪的斗争，就像两股强大的力量在拔河——对立、矛盾、抗衡，由此生生不息，永无止境。

⑪

飞天
年代：公元 7 世纪
材质：石
规格：高 133 厘米，宽 119.5 厘米，厚 28 厘米
出土地：卡纳塔克邦（Karnataka）埃霍莱（Aihole）
现展陈于印度国博 G 层环廊。

⑫

飞天

年代：公元7世纪

材质：石

规格：高135厘米，宽109厘米，厚23厘米

出土地：卡纳塔克邦埃霍莱

现展陈于印度国博G层大厅

这件《飞天》石像中的男女飞天，有着与图⑩中两位飞天一样的优雅悠然姿态，且在装饰佩饰上要更胜一筹。男飞天头戴高高的圆锥形宝冠，全身佩戴有华丽佩饰；女飞天梳着美丽的发髻，佩戴有华贵且繁复的头饰、颈饰、臂饰等。虽然看上去她随风而起的衣带动感效果有些生硬，显得不够自然，但作为早期表现飞天动态效果的艺术作品，这已经是难能可贵的创新与表达了。在这一点上，还是中国古代艺术家最具想象力和表现力，他们只是在神仙的脚下画上了一朵祥云，一个腾云驾雾、飞翔在天的画面就立刻呈现了出来。（实际上，如果仅以衣带或者头发飘起来来表现飞翔是不准确的。因为地面上风大的时候，人的衣带或头发也会飘起来，而脚下有祥云就起到了画龙点睛的作用。）

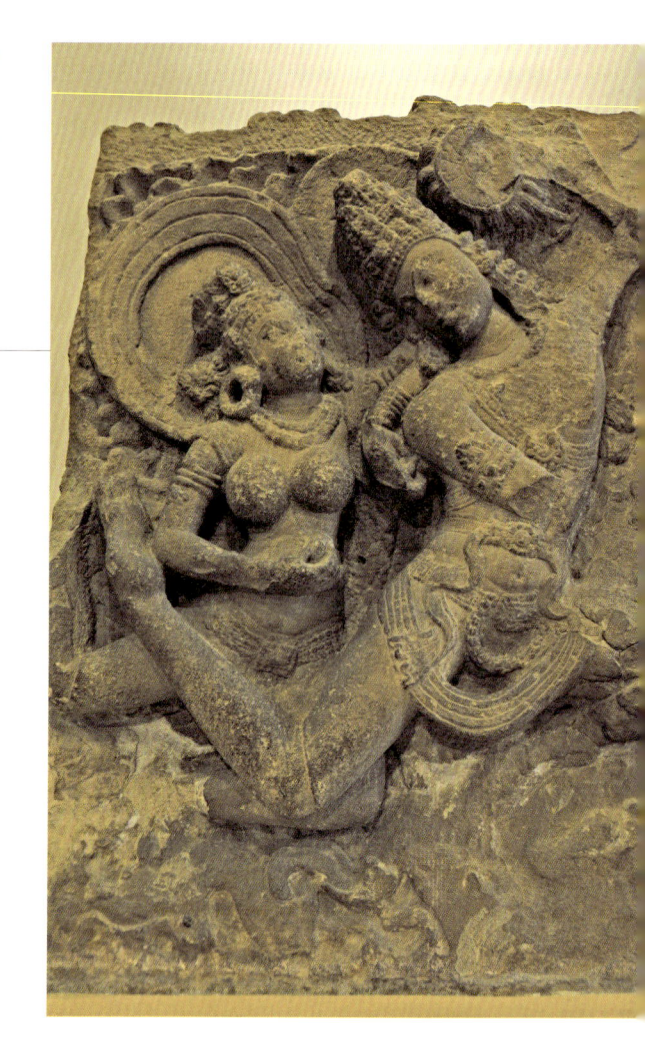

用世界上最细的笔画出来的画，真美！

"

在印度国博众多的展厅里，有这样一些像迷宫般神秘的展厅，它们间间相连、室室相通、首尾相环，走在其中就像是步入了一个九曲十八弯的八卦阵。而展现在这"八卦阵"中的正是在世界画坛上享有盛誉的印度细密画。

细密画展厅一隅

印度细密画

● 什么是细密画？

最简单明了的解释，就是：画画所用的笔特别细，用这种笔画出来的画就叫细密画。

世界上最早的细密画被发现于公元前10世纪埃及法老的陪葬物中。公元3世纪中叶，波斯（即现在的伊朗）初现细密画，它以插画的形式出现在一些经典的抄本中。这些抄本或文稿大多是宗教类的内容，由于当时人们的文化水平不高，因此传道者便以绘画的形式来图解其中的内容。久而久之，这种插画的形式被传承下来，成为一种独特的绘画门类。之后，细密画也常被用作书籍的封面以及盒子、镜框上的装饰画等。

16世纪，细密画从伊朗被引入印度，并在印度得到发展与繁荣，成为独具特色的印度细密画。需要说明的是，已知印度最早的细密画大约出现在10—12世纪，是一些绘画在棕榈树叶上的图画，距今约有千余年的历史。只是那时的印度细密画仅是一般性的绘画，并不具有特色。16世纪从伊朗引

* 拉尼（Rani），印度邦主（或王公）之妻。

伊朗细密画《设拉子学校》　①
年代：15世纪下半叶
现藏伊朗国家博物馆

此细密画为波斯著名诗人尼扎米（Nizami）手稿中的对开页插画。

拉尼˙去打猎 图18-3　②
年代：约公元1750—1760年
材质：纸
规格：17.5厘米×26厘米

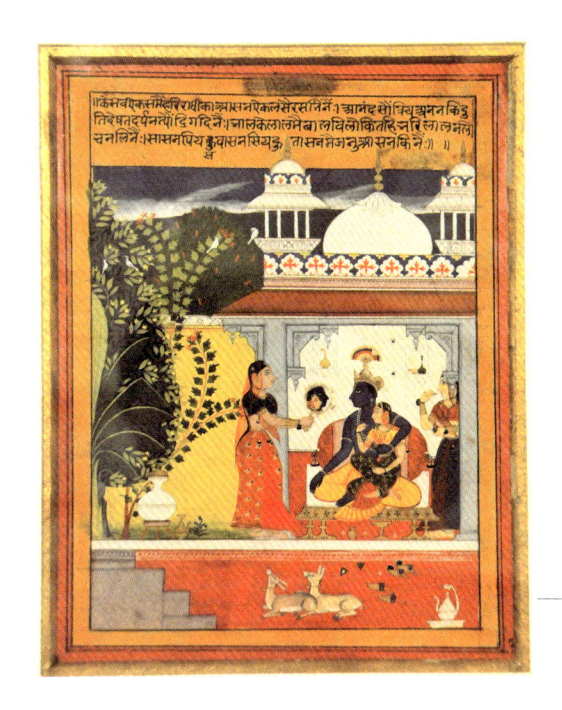

细节

茹阿达和克里希纳一起照镜子 ③
年代：约公元 1630—1640 年
材质：纸
规格：20 厘米 X 20 厘米
出土地：拉贾斯坦邦梅瓦尔（Mewar）

入细密画后才逐渐发展成为独具风格、蜚声世界的印度细密画。

画面描绘了茹阿达（Radha）和克里希纳（Krishna）对着镜子互相欣赏的情景，绘画素材取自 Keshvadas' Rasikapriya 诗歌。

● 细密画特点

1. **尺幅小**。细密画作为文稿、抄本中的插图属于小型绘画作品，它的尺幅最大不超过书页的大小。以古代书籍来说，细密画的尺寸实际上都比较小。

2. **题材特色**。细密画的题材主要是以神话故事、民间传说以及宫廷生活为主要内容。

3. **色泽明丽**。细密画的最大特点是颜色亮丽鲜艳（图②），这或是因为它的颜料取自天然矿物成分，故而能保持色彩鲜艳、经久弥新。

4. **色面造型**。细密画的画面以色面、色块为造型的骨架，线条只起到辅助作用。如果将画面中的线条去掉，其画面所展示的内容依然能够成立（图③）。但是如果没有色面或色块，则整个作品就不知所云了。

5. **线条感弱**。细密画没有严格的线条感（如上所述），不像中国工笔画那般线条明确。

6. **不透明画法**。大部分细密画是以不透明颜料和不透明画法绘制，由此形成一种独特的细密画风格（图④）。

茹阿达与克里希纳 ④
年代：公元1750年
材质：纸
规格：67厘米 X 46厘米
出土地：拉贾斯坦邦斋普尔（Jaipur）

印度细密画发展简史

　　细密画被引入印度的经历充满了艰辛与曲折，世界上没有哪一种绘画艺术像细密画这样与一个国家的历史如此紧密相连、与一个王朝的兴衰这般息息相关。可以说，印度细密画的引入、发展、繁荣直至衰弱的跌宕命运，间接地折射出印度近代史上最强大的莫卧儿王朝（Mughal Dynasty）王朝的兴衰史。

莫卧儿王朝与细密画

　　莫卧儿王朝与印度细密画的渊源，追根溯源要从咱中国人熟知的成吉思汗说起。

　　成吉思汗，元太祖，在中国家喻户晓。

　　他的两个孙子：其一，忽必烈（知名度较高），乃我国元朝始祖（公元1271—1368年）。其二，旭烈兀（在中国知名度较低），在伊朗（波斯）建立伊尔汗王朝（公元1256—1335年）。

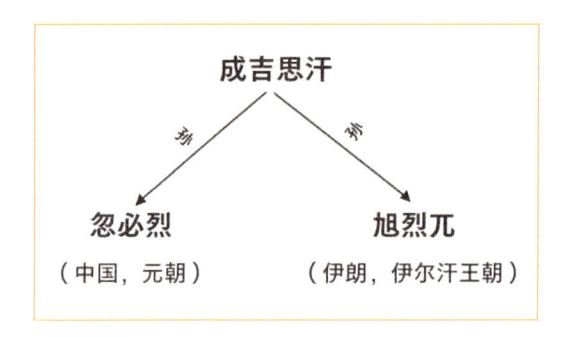

```
            成吉思汗
           孙↙    ↘孙
        忽必烈      旭烈兀
     （中国，元朝） （伊朗，伊尔汗王朝）
```

　　当时两（孙子）国之间一直保持着文化上的往来，而那时的伊朗已经诞生了细密画。在其后的几百年里，中亚、西亚烽烟四起、群雄争霸，战事不断，两国遂各表一枝了。

　　时空穿越到了公元1526年，拥有显赫帝王血统的巴布尔在北印度建立起莫卧儿王朝，成为莫卧儿王朝的开国皇帝（公元1526—1530年在位）。

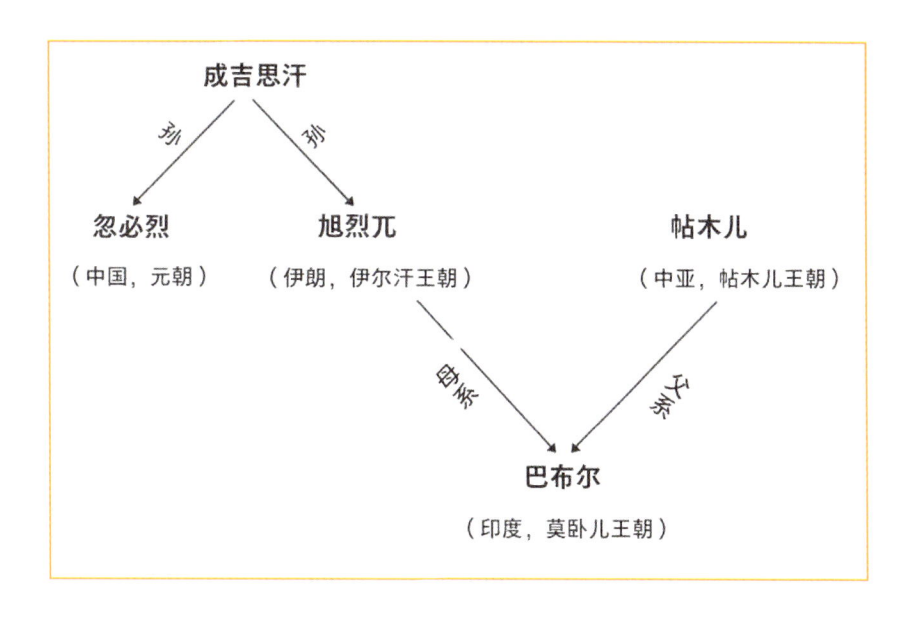

```
                    成吉思汗
                 孙 ↙    ↘ 孙
      忽必烈      旭烈兀           帖木儿
    （中国，元朝）（伊朗，伊尔汗王朝）（中亚，帖木儿王朝）
                     ↘ 母系      父系 ↙
                         巴布尔
                     （印度，莫卧儿王朝）
```

巴布尔的母亲是成吉思汗的后裔，父亲是帖木儿（公元1369年在中亚建立帖木儿王朝）的后裔。

受祖先的影响，巴布尔非常喜爱波斯文化，对细密画更是钟爱有加。他曾几度设想把波斯细密画引入印度，但终因自己常年征战而未能如愿。

公元1530年巴布尔死后，他的长子胡马雍在莫卧儿都城阿格拉即位（公元1530—1556年在位）。

这位胡皇帝很斯文，喜读书，寡军事，疏治国，最终被叛军驱逐流亡伊朗。在伊朗流亡期间，他被精美细腻的细密画深深吸引，并结识了当地两位非常有名的细密画家。

公元1555年，胡马雍重返印度夺回德里，再度恢复了莫卧儿帝国。与此同时他将上述两位伊朗画家也带回了印度皇宫，作为御用画家。

不幸的是，公元1556年胡马雍不慎从皇宫楼梯上坠落，意外身亡。

胡马雍死后，他的儿子阿克巴即位（公元1556—1605年在位）。早在阿克巴幼年时，他老爸胡马雍就指派了那两位来自伊朗的大画家教他画细密画，因此阿克巴对细密画比他爷爷（巴布尔）和他老爸（胡马雍）都更有造诣。

阿克巴继续留用了来自伊朗的两位画家，并从中亚、西亚以及印度各地又雇请了百余位画家，创立了皇家画室。细密画在这一时期得到了长足的发展与繁荣。可以说阿克巴是印度细密画的倡始者与奠基人。

> **小知识**
>
> **阿格拉城最著名的两处历史名胜：**泰姬陵和阿克巴大帝陵。后者的主人就是这位阿克巴皇帝。

到了莫卧儿王朝第四代皇帝继位时，阿克巴的独子贾汉吉尔没耐心等到他老爸寿终正寝后再登基。他迫不及待地在异地先僭称为王了。这事儿着实把他老爸给气了个半死。尽管阿克巴临死前很不情愿把王位交给这位逆子，但也别无选择。于是贾汉吉尔就这样成为了莫卧儿王朝的第四代统治者（公元1605—1627年在位）。

贾皇帝虽然人品不行，但对细密画却是钟爱有加，造诣颇深，他被称作"细密画的鉴赏家、收藏家和慷慨的赞助人"。传说他能准确地说出任意一幅细密画的作者，更有甚之，如果一幅细密画是由多名画家共同完成的，他还能说出每一位画家的名字。

印度细密画在贾汉吉尔时代达到了极盛的巅峰。

有道是"上梁不正下梁歪"，贾汉吉尔的儿子们从他那里学会了篡权夺位。其三子沙·贾汗在他还没闭眼之前就揭竿叛乱，并最终杀出众兄弟的重围夺得了王位，成为莫卧儿王朝的第五代帝王（公元1628—1658年在位）。

说到沙·贾汗，那就必须得多啰唆两句。

沙·贾汗，是印度扬名世界的为数不多的帝王之一。他的举世闻名不是因为他有什么显赫功绩，而是因为他建造了空前绝后的泰姬陵。

泰姬陵，世界七大建筑奇迹之一，沙·贾汗是它的设计者、建造者和拥有者，同时他也是那个感动了世界的凄美爱情故事的男主人公（详见《月光下的泰姬陵》）。

回来接着说莫卧儿王朝。兴许是遗传因子作祟，自莫卧儿第四代帝王贾汉吉尔开始，篡权夺位之争就一直再没消停过。第六代帝王奥朗则布更是以弑杀太子等凶残手段篡得了皇位（公元1658—1707年在位），并且江山一坐就是50年，是莫卧儿王朝统治时间最长的帝王。

遗憾的是，奥朗则布对细密画毫无兴趣，他结束了莫卧儿王朝百余年来对细密画鼎力赞助的光荣传统，缩减了皇室画家的编制，致使细密画艺术在他执政期内逐渐走向了衰弱。

奥朗则布死后，篡权夺位之风在其后代子孙中愈演愈烈。最终，由于内外交困，庞大的莫卧儿帝国终于分崩离析，曲终人散。

莫卧儿细密画也随着莫卧儿帝国的土崩瓦解而光辉尽褪。

莫卧儿王朝帝王与细密画

巴布尔：莫卧儿王朝开国皇帝，1526—1530年在位。

胡马雍：第二代帝王，1530—1556年在位。从伊朗引入细密画。

阿克巴：第三代帝王，1556—1605年在位。创立皇家画室。印度细密画的倡始者与奠基人。

贾汉吉尔：第四代帝王，1605—1627年在位。对细密画造诣颇深；细密画的鉴赏家、收藏家和慷慨的赞助人。

沙·贾汗：第五代帝王，1628—1658年在位。泰姬陵建造者。

奥朗则布：第六代帝王，1658—1707年在位。对细密画毫无兴趣；细密画艺术在其执政期内走向衰弱。

莫卧儿王朝是印度历史上最强大的帝国之一。难能可贵的是几乎莫卧儿王朝的历代帝王都喜爱细密画，这使得细密画跟随着莫卧儿王朝一代代的帝王们，从颠沛流离他乡到收复江山，直至建立起强大的莫卧儿帝国，都始终如影随形。印度细密画从无到有再到发展繁荣，莫卧儿王朝功不可没。

印度细密画的风格

印度细密画大体上可分为：早期的耆那教细密画、莫卧儿细密画以及拉贾斯坦细密画等几大类风格（本文重点说莫卧儿和拉贾斯坦细密画）。

莫卧儿细密画：指莫卧儿王朝时期形成的以描绘王朝历史事件、宫廷生活等带有鲜明时代特点的一类细密画。这一时期的细密画的主角是皇帝、皇族以及王朝大事记等，许多画幅生动地描绘了当时的重大历史时刻与事件，是一部记录了莫卧儿帝国以及帝王历史的画传。
画派特点：画风严谨、传统庄重、场面宏大、气势非凡（图⑤）。

王子在欣赏音乐 ⑤
年代：约公元 1700 年
材质：纸
规格：40 厘米 × 30 厘米
出土地：德干地区（Deccan）戈尔康达（Golkonda）

⑥ 克里希纳庆祝萨拉德－普尼玛节
年代：约公元 1800 年
材质：纸
规格：1.5 米 × 1.17 米
出土地：拉贾斯坦邦那得瓦拉（Nathdwara）

拉贾斯坦细密画： 指流行于拉贾斯坦邦的细密画绘画风格（流派）。拉贾斯坦，即拉贾斯坦邦，位于印度西部地区。

拉贾斯坦细密画是印度细密画的重要组成部分，它在题材上与莫卧儿细密画的皇室主题有着明显不同。其以史诗、神话故事为题材，构图生动、富有诗意，整个画面给人以一种田园牧歌般的抒情意象。尤其是画面中那些"花前月下""卿卿我我"的情境总让人心底泛起层层爱的涟漪。拉贾斯坦细密画整体风格热情明快、色彩艳丽，充满激情。

萨拉德－普尼玛节（Sarad-Purnima Festival）为印度教庆祝收获的节日，时间在每年的9—10月。画面中，克里希纳站在一个白色高台上，后面挂着白色的幕布，脚下面是寺庙，周边绘有24个有关的节日。

如何欣赏细密画

⑦

克里希纳偷走了牧女们的衣服

年代：约公元 1800 年
材质：纸
规格：23厘米 X 17.5厘米
出土地：喜马偕尔邦（Himachal pradesh）
坎格拉（Kangra）

绘画素材取自《薄伽梵往世书》，画面中描绘了克里希纳用美妙的笛声吸引牧女们来到森林中与他嬉戏，然后趁牧女们下河沐浴时偷走了她们的衣服并以此取乐的场景。

细节

像我们欣赏任何绘画作品一样，作为非绘画专业人员，我们首先感受到的是视觉反应：好看不好看？其次是内容是否让我们产生了心灵共鸣，也即是否有"视觉被感动""心灵被触动"的观画感受。一幅好的作品不仅给人以视觉上的美的享受，同时也会给人带来心灵上的震撼。

事实上，我们在参观博物馆（美术馆）时，往往是好作品常有，而内心的震撼不常有，与佳作失之交臂的事时有发生。为什么会这样？因为大多数情况下我们看不懂它，不知道它画了些什么，因此也就无法与之产生共鸣。以拉贾斯坦细密画为例，如果我们对印度的神话故事等内容毫不了解，我们也就无法在观画时感受到作品的内在信息与气息。因此说，赏画必须先了解其相关的历史人文背景，其次才是构图、色彩、光线、技法等因素。欣赏画作首先要入戏才能入画（对于普通观众而言），所谓"先形后意"。

印度国博藏有丰富的细密画手稿文化遗产，馆藏量超过17000余件。观众在蜿蜒曲折的十几间展厅中所看到的只是海量画作的一部分。有趣的是，在我们如同盲驴拉磨般在里面转来转去茫然找不到出口的时候，这些精美的画作便就这样一遍一遍地呈现在我们的眼前，想不记住它们都难。

细密画展厅

印度国家博物馆镇馆之宝——舞王湿婆青铜像

印度国博拥有众多世界级的文化瑰宝，但最著名的还要数青铜器展厅中的这尊《舞王湿婆青铜像》，它几乎可以说是印度国博的形象代言"人"和LOGO，凡有关印度国博的资料或文章中都必定会提到它。印度国博观展的最后一篇我们以镇馆之宝《舞王湿婆青铜像》作为结束篇。

印度教神多，神的变身也多，多得让人眼花缭乱。湿婆作为印度教三大主神之一，其变身更是多得令人目眩。在湿婆千变万化的各种变身相中，林伽相与舞王相是最常见，也是最重要的两相。本篇我们将走进印度国博的青铜器展厅，去近距离地欣赏湿婆舞王相中最杰出的作品——**印度国博的镇馆之宝：舞王湿婆青铜像**。

舞王湿婆青铜像[*] ①
年代：公元12世纪
材质：青铜
规格：高98厘米，长82.8厘米，宽28.2厘米
出土地：泰米尔纳德邦（Tamil Nadu）蒂鲁瓦兰古拉姆（Tiruvarangulam）

* 图片摄自印度国博《舞王湿婆青铜像》的官方照片。

印度人为什么喜欢跳舞

印度人的生活离不开歌舞,《大篷车》《迪斯科舞星》这些载歌载舞的印度电影给人们留下了深刻印象。人们甚至认为印度是一个无歌舞不生活的国度。

历史上,印度一直是一个有着神灵崇拜和宗教信仰的国家。其最初的舞蹈起源于宗教祭祀仪式。为了取悦神灵,人们手舞足蹈地跳着自认为最能表达心情的肢体动作向神灵献媚。后来,人们在丰收的季节、喜庆的日子里也会以欢蹦乱跳的形式来表达自己的喜悦之情。这些手舞足蹈、欢蹦乱跳便是"舞蹈"最早的雏形。

再后来,"舞蹈"被赋予了新的使命与功能。

传说在古印度时期,人们沉溺于某种恶习而不能自拔。人们祈求创世的梵天神能够赐予一种新的"娱乐"方式,以吸引人们的兴趣从而摒弃恶习。

梵天答应了人们的请求,他将一部《戏剧吠陀》赐给了世人。

《戏剧吠陀》是一部汇集了人间所有道

印度歌舞*

德精华的典籍,湿婆神把它以舞蹈的形式演绎了出来。由此,舞蹈不再是杂乱无章地胡蹦乱跳、群体乱舞,而是有了"学院派"的讲究——一招一式都代表了不同的内容与含义,使舞蹈具有了内容的实质。传说湿婆会跳108种舞蹈,他所跳的极乐之舞阿南达·坦达瓦(Ananda Tandava)是最神秘的宇宙之舞,湿婆跳着天舞完成宇宙的毁灭与重生,如此循环往复,无尽无止。

湿婆由此被尊为舞之鼻祖,舞王之神。

---

* 作者拍摄于《印度歌舞》演出现场。

印度舞蹈多以歌颂神明为主，题材多取自印度著名史诗。因此说，去印度旅行或参观博物馆需要事先做些功课，了解一些人文历史背景，否则你的旅行（参观）质量将会大打折扣。

舞王湿婆青铜像

印度教艺术一直以石刻为主，直到公元八九世纪，南印度的帕拉瓦（Pallava）王朝和潘迪亚（Pandya）王朝开始出现诸神的青铜像。之后，朱罗（Chola）王朝（公元846—1279年）吞并了帕拉瓦，建立起南印度最大的印度教王朝，印度教青铜神像艺术自此逐渐走向辉煌的巅峰。此时出现了一批工艺精良、艺术水准极高的青铜神像传世作品，《舞王湿婆青铜像》便是其中之一，是保存至今为数不多的印度教神像系列中最精美、最著名的一尊，代表了南印度铜像制作的最高工艺水准和审美水平。

在《舞王湿婆青铜像》中，有着"三眼四臂"的湿婆神正在曼妙起舞。

舞王之神湿婆 ②

印度舞蹈的特点

印度舞蹈的特点是"以手在说话"。通过手与身体的配合，表达出不同的内容，从而向观众传递出丰富的故事情节与情感意境。

这些不同的手势与肢体语言相互配合表达了天堂、黑夜、祝福、祈福等情景含义，营造出一种只可意会不可言传的宗教意境，是印度舞蹈所特有的艺术表现形式。

湿婆的头发呈纷扬开散状，象征着恒河之水经千回百转流入凡间。

湿婆额头中间的第三只眼，不仅能洞观宇宙世界，并且它所喷射出的炙热火焰还可以将整个宇宙毁灭。

铜像周圈所环绕的火焰即象征着宇宙世界。

他的后右手执有手鼓。手鼓的韵律正是宇宙律动的节奏，象征着新纪元的开始。

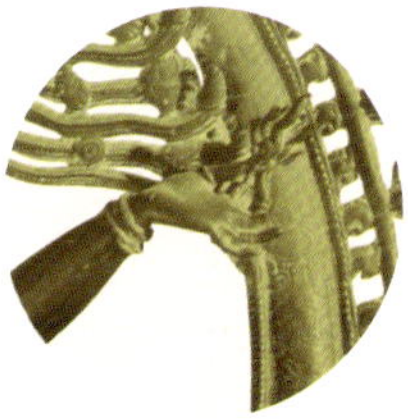

他的后左手托着火焰，寓意着毁灭一切。

他的前右手施无畏印，代表了普度众生的无畏心愿。

舞王湿婆青铜像

③

湿婆的右脚下踩着代表无知且已化身为人的恶魔阿帕萨马拉普（Apasamarapurusa）。

他的前左手横在胸前，手掌向下呈象鼻状，指向高高抬起的左脚。这组动作意在启示信徒摆脱无知与精神束缚，寻求灵魂的解脱。

小知识

传说恒河女神从雪山天国下凡时,滔天的神水自天而下,湿婆用自己的头发接住了倾泻的神水,以避免因水势过猛而淹没了众生。神水在湿婆的发缵间盘转迂回了千年,最终化作一潮春水流向大地,避免了一场人间劫难。

《舞王湿婆青铜像》以失蜡法制作。失蜡法,青铜器制作工艺中的一种,用此方法可以制作结构非常复杂的青铜器。

以《舞王湿婆青铜像》中周圈的"火焰"为例,简要说明失蜡法的工艺流程:

1. 首先用蜡块刻制一个火焰的蜡样;
2. 在蜡样外以细泥进行全方位包裹,形成一个泥范;
3. 对泥范进行加热,泥范中的火焰形蜡样熔化后,蜡水从下部预留的小孔中流出(失蜡法之名由此而来),从而形成一个内部为火焰形的空范;
4. 将铜液注入空范中,铜液便会充满火焰形的空间;
5. 待冷却后敲开泥范、取出呈火焰形的青铜铸件。

同理,以失蜡法制作出《舞王湿婆青铜像》中各部位的铸件,然后按设计图样进行焊接。

据有关资料记载,因为此《舞王湿婆青铜像》的蜡模制作得非常精确,以至于最终铸成的青铜像几乎不用再进行任何加工修整,反映出印度朱罗时代青铜铸造工艺的极高水平。

《舞王湿婆青铜像》以一幅轻盈曼妙的静态意象呼之而出了一个动感极强的律动画面,**喻示了宇宙世界动静更迭、生息交替、于变化中永恒的印度哲学思想**,被认为是湿婆雕像艺术中最具有神秘主义哲学意境的艺术品之一,是古代印度宗教与艺术传统相结合的杰出典范。

《舞王湿婆青铜像》一直稳坐于印度国博镇馆之宝的宝座上,除了它的历史价值、艺术价值以及科学价值这些"硬件"超凡卓群外,它的印度教(印度国教)背景以及深刻的哲学寓意也是它获此殊荣的重要因素。政治背景、宗教伦理、民族大义等一直都是文物定级不可分割的重要组成部分,在世界各国博物馆的重器中不乏此类文物。

四、其他艺术

印度国博部分展厅掠影

"

印度国博约有37间展厅,它们分别设在G层、一层和二层三个楼层。除了前面已经观览过的有关哈拉帕文明、佛教文明、印度教文明等古印度文明的展厅外,还有若干关于印度"武器与盔甲、海洋遗产、硬币、手抄本、民俗、乐器、装饰、纺织、木雕、珠宝等"历史文化艺术遗珍相关的展厅。限于书籍的容量,本书难以对这些展厅一一做详细展开,仅以掠影的形式呈现给各位博友,有兴趣的博友可以实地观展或关注本系列丛书后续动态。

武器和盔甲展厅

武器和盔甲展厅

该展厅展示有众多印度历史上最珍贵的武器和盔甲遗物，包括刀剑、盔甲、火器、枪弹以及装饰性和祭祀性的礼仪性武器。从这些武器的装饰上还可见当时的镶嵌、珐琅以及掐丝等工艺技术。

马哈拉纳·桑格拉姆·辛格二世（Maharana Sangram Singh II）的盾　①
年代：约公元 1730 年
材质：钢、天鹅绒
规格：长 62.5 厘米
出土地：拉贾斯坦邦乌代普尔（Udaipur）

苏丹的剑（有题刻）　②
年代：约公元 1790 年
材质：钢、木、天鹅绒
规格：长 74.1 厘米
出土地：卡纳塔克邦斯利兰加帕特南（Srirangapatnam）

硬币展厅

硬币展厅

该展厅展示了印度国博丰富的硬币收藏和悠久的铸币历史。印度的硬币史最早可追溯到公元前6世纪，并一直延续至现代。从早期的弯币、机械冲压币、印度各邦硬币，再到英属印度币以及独立后的硬币，几乎印度历史上各时期的硬币种类在此都有展陈。这些硬币为后人研究印度古代、中世纪以及现代各历史时期政治、经济的变化提供了丰富的信息来源，从中也揭示了印度的货币系统从早期的贝壳到现代信用卡的发展轨迹。

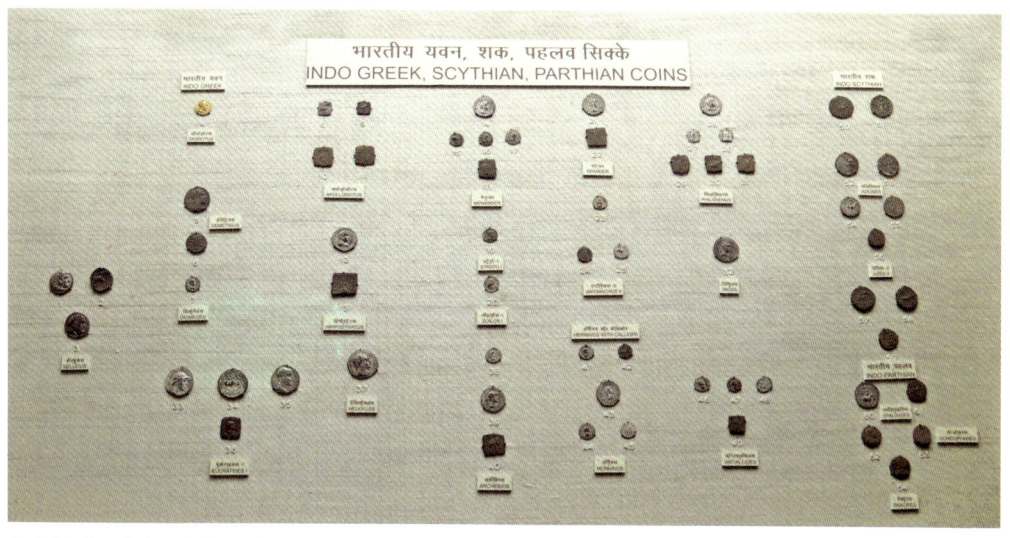

印度希腊、塞卡、帕提亚等不同历史时期的硬币 ③

《亚历山大和波鲁斯》硬币*

波鲁斯（Porus）是公元前4世纪印度次大陆帕拉瓦国的统治者，曾和亚历山大有过激战。

④

* 此为亚历山大死后制作的硬币。

🔸 乐器展厅

印度国博收藏了大量的印度民族乐器，包括古代乐器、部落乐器和民间乐器等，也有一些是公元19世纪的西洋乐器。乐器种类包括弦乐器、打击乐器和管乐器等。该展厅展陈有相关乐器文物200余件。

乐器展厅

各种铜铃等小乐器 ⑤

年代：公元 16—19 世纪

各种腰鼓和手鼓 ⑥

年代：公元 19 世纪

部族生活方式展厅

以实物或模拟的方式展示了印度不同部落的生活方式与各种习俗。

部族生活方式展厅

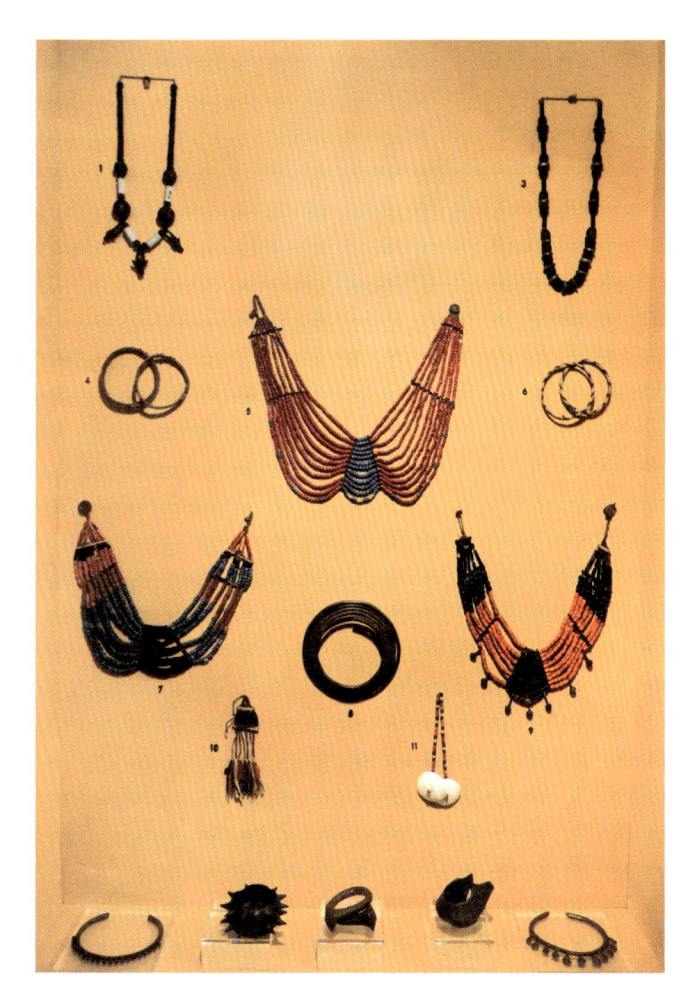

纳加部落妇女戴的颈饰、耳环等饰品

年代：公元 20 世纪

出土地：纳加岛

⑦

189

生活用具 ⑧

年代：公元 18—19 世纪
材质：银器、木器、象牙、丝织等
出土地：印度北部、拉贾斯坦邦、中央邦、古吉拉特邦等

中亚古物展厅

在印度国博非印度类的藏品中，中亚文物的收藏是最丰富也是重器最多的一类，藏品包括一些历史价值、艺术价值极高的壁画、木雕、陶瓷器、金银制品以及宗教珍贵文献等。20世纪早期的考古探险家奥雷尔·斯坦因（Aurel Stein）爵士发掘并收藏了大量此类文物。中亚古物展厅展示了斯坦因在1900—1901年、1906—1908年和1913—1916年三次大规模探险活动中的600件精选文物。

中亚古物展厅

《佛与六僧》壁画
年代：公元 3—4 世纪

⑨

⑩

《伏羲和女娲》绢画
年代：公元 7—8 世纪
材质：丝绢
出土地：阿斯塔纳 (Astana)

前哥伦布与西方艺术展厅

该展厅的艺术品主要是公元1492年之前的各类遗珍。当时哥伦布为了寻找通往印度和东南亚的新航线，误打误撞地来到美洲大陆。展厅中的大多数文物源自墨西哥、秘鲁、玛雅、印加、美国西北海岸、巴拿马、哥斯达黎加和萨尔瓦多等国家和地区。除此之外，还有一些来自印度尼西亚、伊朗、伊拉克、埃及、德国、法国的文物。展厅中所展出的相关文物约252件。

前哥伦布与西方艺术展厅

《两名盲人被杀》彩色木雕
年代：公元 15 世纪
材质：木
出土地：法国

《圣母玛利亚》彩色木雕 ⑫
年代：公元 17 世纪
材质：木
出土地：果阿

装饰艺术展厅

该展厅展示了莫卧儿王朝后期（17世纪开始）制作的众多精美手工艺品。这些手工艺品包括木雕彩绘孔雀、彩色玻璃碗、银质托盘、银质工艺品大象等各种工艺精湛、装饰精美的艺术杰作，其材质分别为木、玻璃、陶瓷、金银等金属以及玉石、象牙和宝石等各种材料。该展厅（分为两个展厅）共展出逾300件艺术佳作，展现了莫卧儿王朝后期精湛的工艺水平以及艺术家们卓越的艺术造诣。

装饰艺术展厅

银质工艺盒
年代：公元 19 世纪
材质：银
出土地：奥里萨邦

银质工艺品大象

年代：公元 19 世纪 / 材质：银 / 规格：高 80 厘米，长 72 厘米，宽 31 厘米 / 出土地：拉贾斯坦邦

⑭

199

印度采风记

YINDU

CAIFENGJI

前面,我们观赏了印度国博中众多的古印度文明遗珍。接下来我们换个观览方式,一起去实地看看古印度光辉灿烂的文明遗迹,一起去感受一下这个诞生了对人类文明产生深远影响的佛教、印度教等宗教的古老国度,它今天所呈现出来的文化底蕴与独特风貌。

"开挂"了的印度摩的

印度简介

全称：印度共和国（The Republic of India）；

地理：南亚次大陆；

面积：居世界第7位，约298万平方公里（不包括中印边境印占区和克什米尔印度实际控制区等）；

人口：13.9亿（2022年6月数据），居世界第2位；

宗教：世界各大宗教在印度都有信徒，其中印度教教徒和穆斯林分别占总人口的80.5%和13.4%；

首都：新德里。

"开挂"了的摩的

去印度之前就知道印度人多，但多到什么程度我并没有具体的感观认知，想象中人再多还能比得上中国的春运、北京早高峰的地铁、节假日的旅游景点的人多？实地一看，我的天哪！当你抱怨北京早高峰的地铁可以"把人挤成相片"，当你调侃地铁车厢里"无论地球引力如何勾搭，两脚就是不接地气"时，你不知道世界人口排名第二的印度，他们那儿不单单是早高峰的地铁车厢堪比沙丁鱼罐头（现在沙丁鱼罐头也不塞得那么密实了），他们是不分时间段、不分路段的哪儿哪儿都人多。如果你站在十字路口观看红绿灯放行时的那一波人潮，其场面如同开闸放水般奔涌壮观。

新德里地铁

　　这是印度首都新德里地铁早高峰时段的状况。滚梯上站满了乘客，但秩序良好。让我印象深刻的是虽然地铁站里人很多，但是毫无喧闹感。整体印象中，印度人在公共场所的文明素质还是比较高的。

　　不知道的还以为这里是机场或火车站，实际上这就是普通时间段的新德里某地铁站实景，人多到堪比中国春运。

> 粗略地算了一下，印度有将近14亿的人口，而面积却只有我国的约三分之一大，人口密度可想而知。

　　这是马拉松的起点么？NO，这是首都新德里一处普通的十字路口，人们在等待绿灯放行。一旦绿灯放行，摩托车、摩的、公交车就像离弦的箭一样呼啸而出。

　　这种甲壳虫摩的，是我在印度各城市旅行中所使用的主要交通工具。按常识你觉得这样一个摩的可以载客多少人？

告诉你，搭载10个、8个（人）不是问题！

其核定人数是4人，最前面是司机1人，后面一排座位坐3人，共计4人。那么，它是如何搭载八、九、十来个人的？

某天，我坐的一辆甲壳虫摩的在已经搭载了一众人的情况下，（司机右侧挤坐了1位，后排座位挤了4位，座位背后的空间里还窝了1位），途中又不知从哪里"飞"上来了两人，他们动作娴熟、技术老练地将自己"挂"在了摩的的外面，就像是舞台上表演的自行车载人杂技一样。几乎车内所有的人都被这突如其来的杂技（绝技）动作惊艳到了！一众人惊喜地大声尖叫：How exciting（太刺激了）！而车上的人似乎也并未因此而感到有什么不安全，反倒觉得很惊险、很刺激、很兴奋，以致我一直期待着途中能再"飞"上来几个人，好让我们的摩的就像孔雀开屏一般惊艳夺目……这就是印度，一个让人耳目一新的国度。

所以，当有人问我"你对印度有什么印象？"时，我总要迟疑一下，回答说：Incredible！是的，难以置信！不可思议！

不过，新德里也有人员密度比较小的地方，比如印度总统府门前的宽阔大道、甘地国际机场等地。

新德里市区人员拥挤的街道

印度总统府门前的宽阔大道

新德里甘地国际机场入境大厅

❋ "高大上"的甘地国际机场

首都新德里甘地国际机场是一个人员密度相对较小的地方，且也是印度非常"高大上"的地方。

抵达印度首都新德里，进入机场大厅，你就看到了印度特色的迎宾方式——一排硕大的佛教手印赫然映入眼帘：欢迎您！祝您身体健康！吉祥如意！快乐幸福！（大致意思。）让人一下子便感受到了佛的慈悲与温暖，感受到了鲜明浓郁的印度风情。

甘地机场内景

之前，我也曾到过世界上一些知名、不知名的机场，却没有见过哪个机场像新德里甘地国际机场这样大面积地铺置地毯的。一眼望去，绝对不是一般的"高大上"！

甘地机场内景

机场候机大厅全面积铺置地毯，除了新德里，哪里还有？哪里还有？太奢华了！

纽约JFK国际机场

世界上规模最大的机场——纽约JFK国际机场，也没有铺地毯！没有！

没有对比就不知差距，没有比较就不知高低，在机场豪华奢侈度选项上，印度新德里首都国际机场完胜！

莫斯科国际机场

世界上另一个大国俄罗斯的莫斯科国际机场，也没有铺地毯！

甘地机场内景

印度是宗教国家，总人口中约有95%以上的居民有宗教信仰。因此，宗教寺庙、宗教造像等在印度随处可见。它既方便了信众随时随地祈祷祈福，也时刻"提醒"着人们遵守戒律，举止行为要有所敬畏、有所约束。

甘地机场印度香商店

机场免税店中有一间颇有情调的印度香商店。路过这里，你会被悠然飘来的一缕缕印度香气带入一个奇幻的世界。

甘地机场内景

机场作为展示国家形象的重要窗口，国宝大象自然要高调亮相。历史上，大象不仅是深受印度人民所喜爱的天神（象头神），还是战争中勇敢的战士，且又是人们生活中运输重物的好帮手。大象聪颖、智慧、强大，印度人认为大象最能代表印度的国家形象，因此自称为"象"。

印度香独特的香气源自其特有的香料与制作工艺。只要你闻过一次，任何时候你再闻到它立刻就能鉴别出它的印度属性来，那是一种对人的嗅觉有强制记忆的特殊香气。

甘地机场卫生间

甘地机场让人眼前一亮的男女卫生间标识，这恐怕连小孩子也不会弄错了。记得之前在某国看到一个卫生间的性别标识，其结果是很多人站在门口看半天不知道该进哪一边，让人既尴尬又哭笑不得。

在这两个标识中，你觉得哪边是男？哪边是女？

印度的火车

阿格拉火车站

去印度旅行之前，网传的各种对印度火车的诟病令我心怀忐忑："……严重晚点、严重超员、严重的各种不靠谱……"我做好了扒火车、爬车窗、坐车顶等各种心理准备，并为此提前三个月就开始了体能锻炼。

而实际情况却是，网传的信息或因时效等原因与现实存在一定的差异。我在印度旅行期间坐了很多次火车，网上传说的情况却是一次都没有遇到过。

印度火车

　　印度火车总体来说比较老旧，看上去甚至还不如中国20世纪七八十年代火车的样子。但它总体的票价水平却跟颜值很匹配，相比中国火车票价来说是便宜了很多。

　　印度火车的车厢分为不同的等级：一等空调卧铺、二等空调卧铺……普通卧铺……普通车厢，等等。火车的票价根据车厢等级不同而有所不同。而每位旅客的姓名会张贴在每节车厢门的旁边。旅客根据车票上的信息找到对应车厢，然后核对自己的车厢、铺位等信息，无误后就可以登车了。一切都那么井然有序，丝毫没有拥挤不堪的场面。

　　印度火车上非常安静这一点完全出乎我的意料。之前，想象中的喧闹嘈杂、人满为患等场景都没有真实出现过。白天时，乘客们或看窗外风景，或捧书阅读，或者就静静地坐在那里，整个车厢里一点声音都没有。到了夜晚，车厢内更是鸦雀无声。公共场合不大声喧哗是文明素质最基本的体现，也是印度人给我留下的非常深刻的印象。

行驶中的列车

更出人意料的是——印度火车在行驶中是开着车厢门的！当我紧握车厢门上的铁扶手向车外探身眺望时，一种铁道游击队孤身飞侠的感觉立刻附上了身，哈哈哈，"西边的太阳就要落山了……"

火车经过一座小镇时，我随手拍下了这个头顶瓦罐的漂亮小姐姐（敞门行驶的好处）。总体感觉印度人生活得很满足、很知足，随遇而安，淡然平和。小姐姐看到我在拍她，笑得特别灿烂。

印度国家博物馆

火车站警察

图中的两位是阿姆利则火车站的站内警察，他们每人手中都握有一根长木棍。嘿嘿，印度的交通警察人手都有这么一根"神器"：第一，用来戳不守（火车站、市内交通）规则的人；第二，作交通指挥棒用；第三是重点：当道路车辆发生拥挤或事故时，交通警察手持长棍把将要发生剐蹭的两辆车中的一辆用长棍一搓，两辆车就分开了，避免了潜在的交通事故。我在乘坐出租车时，也经常遇到或我方、或对方主动凑过"Kiss"（亲吻）的情况，此时只见司机掏出木棍往对车一搓，OK，问题解决了。（想象一下划船时，两船将要靠近时用桨楫开对方船的场景）

印度，多么神奇的国度！

交通警察

印度后宫宫殿缘何有 900 多扇窗户？

212 | 印度国家博物馆

印度作为历史悠久的文明古国，有着非常丰富的文化遗产。其中被联合国教科文组织列入《世界文化遗产名录》的就有30项之多，包括我们前面说到的"桑奇佛塔建筑群""卡久拉霍建筑群（性庙群）"以及本篇将要走访的"阿克巴大帝陵（Akbar's Mausoleum）""红堡"等一系列名胜古迹。这些刻满了历史印迹的古代建筑，不仅为后人了解当时社会的政治经济、文化艺术、人文风貌提供了宝贵的实物资料，还为后世留下了一座座雄奇不朽的时代建筑，让后人可以走入其中去聆听历史的回声。

阿克巴大帝陵

阿克巴大帝陵，坐落于距首都新德里200公里外的阿格拉城城郊，是印度莫卧儿王朝第三代帝王阿克巴的陵寝。阿克巴在位期间（14岁继位；公元1556—1605年在位），帝国在军事、政治、文化、宗教等方面都有了长足的发展，为后续莫卧儿帝国几百年的辉煌奠定了基础。阿克巴是印度历史上最具影响力的帝王之一，也是印度细密画的倡始者与奠基人。

阿克巴在政治上建立了中央集权制；在军事上不断扩张帝国版图；在经济上大刀阔斧进行税改，统一了度量衡；在文化上，积极扶持文学、建筑、艺术的发展与繁荣；在宗教上倡导推行宽容的宗教政策，促进了宗教融合。

阿克巴大帝陵正门

　　阿克巴大帝陵融合了伊斯兰教、印度教的建筑风格，体现了阿克巴大帝主张宗教信仰自由的思想。

图为阿克巴大帝陵内部伊斯兰风格的尖拱结构。

阿克巴大帝陵内装饰细节

阿克巴大帝陵穹顶细节

阿格拉红堡

阿格拉红堡

阿格拉堡（Agra Fort），也称红堡，阿格拉最著名的古建筑之一（其名气略逊于泰姬陵）；坐落于印度北方邦阿格拉境内；其因建筑以印度当地特有的红砂岩建造、整体外貌呈现出砖红色而得"红堡"之名。1983年被联合国教科文组织列入《世界文化遗产名录》。

阿格拉红堡

阿格拉红堡建筑群是伊斯兰建筑风格的杰出代表。它最初由阿克巴所建，后续其子孙又加以扩建形成现在的规模。它既是一座王宫宫殿又兼具了城堡的防御功用。

阿格拉红堡建筑细节

阿格拉红堡建筑风格独特，其内部大理石材质的廊、柱、门、窗全部雕以精美花卉与人物形象，并以各种名贵宝石镶嵌其中。

阿格拉红堡建筑局部

此图远景中的白色建筑为泰姬陵。当年莫卧儿王朝第五代帝王沙·贾汗被其子奥朗则布囚禁在红堡时，每天就这样遥望着对岸的泰姬陵，倾诉着无限的相思。

风之宫殿

风宫

风之宫殿（Hawa Mahal），又称风宫，坐落于拉贾斯坦邦一座充满诗意的古城斋普尔城（Jaipur city）内（距离首都新德里约250公里），是斋普尔城的地标性建筑。风宫临街的一面很像一座山墙，"山墙"上如蜂巢般密布着900多扇窗户。

走进风宫，随意推开一扇窗，窗外的街景便扑面而来。原来，这里是当时众妃子居住的后宫，由于妃子们不得抛头露面，她们便只能透过这一扇扇的窗户去观看外面的世界。

风宫上的众多窗户除了供妃子们观看外部的世界外，还起到了通风纳凉、保护建筑的作用。当炎热的夏季来临，妃子们打开街窗，阵阵清风吹入，轻撩起秀发红裙，别有一番惬意在心头。而当有狂风来袭，打开全部窗户就可让劲风穿堂而过，避免了建筑被吹倒之灾。若是满月时分，这众多的玻璃窗在月光的辉映下，如同万点繁星闪耀于银河。

整座斋普尔古城于2019年被联合国教科文组织列入《世界文化遗产名录》。

琥珀堡

琥珀堡

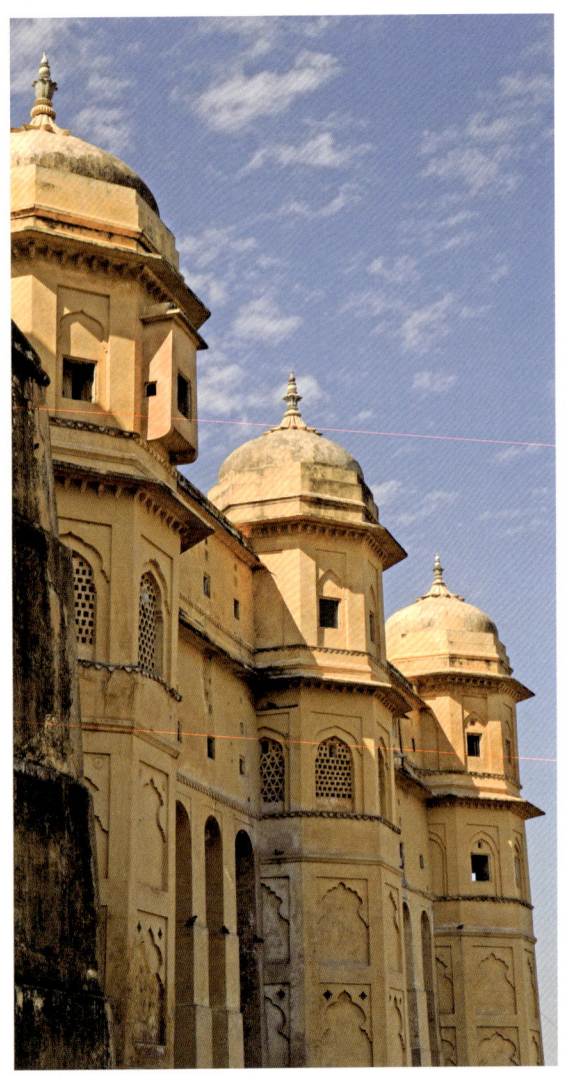

琥珀堡

琥珀堡（Amber Fort），斋普尔旧都，建于公元1592年；坐落于斋普尔北部城郊的一座山丘上。整个建筑呈奶黄白的琥珀色，看上去就像是一块巨大的琥珀醉卧于万山丛绿中，它因此被称为琥珀堡。

> 琥珀堡傍山而建，气势雄伟。其整体建筑宫楼层叠、殿宇嵯峨、造型别致，虽经几百年沧桑风雨，却依然彰显了旧时王宫不可一世的高傲气势。

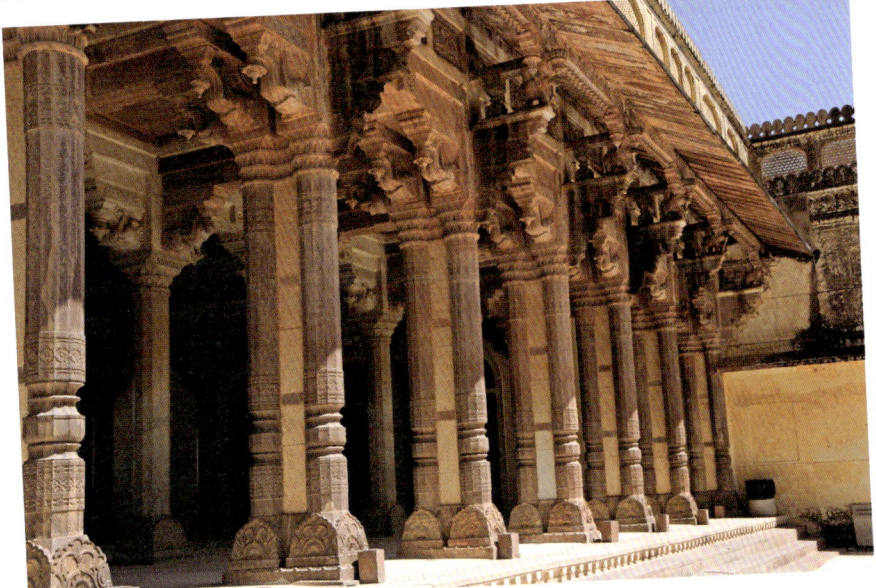

琥珀堡内庭雄伟威严的红砂岩廊柱。

贾玛清真寺

贾玛清真寺

贾玛清真寺（Jama masjid），坐落于首都旧城德里的东北角，是印度最具规模的清真寺。其庄严的高塔、圆顶的穹隆、尖拱的门窗都是伊斯兰建筑风格最典型的特征。

贾玛清真寺一隅

贾玛清真寺宣礼塔及礼拜大殿圆形穹顶

泰姬陵

泰姬陵

泰姬陵（Taj Mahal），世界七大建筑奇迹之一，印度享誉世界的建筑经典之作，印度的国之瑰宝。它是莫卧儿王朝第五代帝王沙·贾汗为纪念其宠妻泰姬·玛哈尔所建的一座白色大理石陵墓建筑，坐落于印度北方邦阿格拉境内，建于公元1631—1653年间，是一座具有伊斯兰艺术风格的宏伟建筑，享有"世界建筑奇迹"与"印度明珠"之美誉。

泰姬陵是世界建筑史上的奇丽瑰宝，它以独具风格的建筑结构、历史价值、艺术成就等因素，于1983年被联合国教科文组织列入《世界文化遗产名录》。

泰姬陵建筑中暗藏的秘密

本篇，我们一起欣赏印度国宝级的传统手工艺制品：

彩石镶嵌大理石工艺品。

看上去好像跟标题没什么关系嘛！别急，您接着往下看。

这些圆盘是印度蜚声世界的传统民间手工艺制品"彩石镶嵌大理石工艺品"。这些看上去五彩缤纷的花样大理石盘，它的每一种色彩都来自货真价实的宝石。因此，这种大理石工艺品不仅制作工艺复杂，而且成本也相当高。

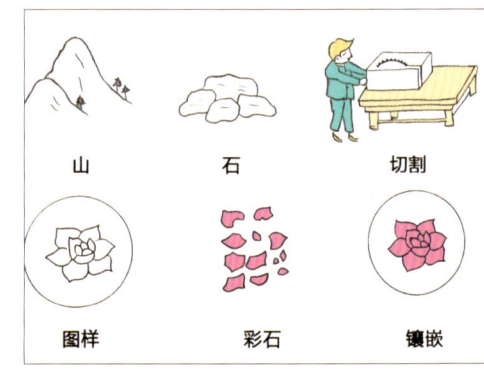

"彩石镶嵌大理石"工艺流程

简单介绍一下制作彩石镶嵌大理石的工艺流程：

1. 上山采石；
2. 将从山上开采下来的不规则的大理石修整成规则石材；
3. 将大理石切割成需要的型材；
4. 将事先在纸上画好的图样誊印在已切割好的大理石表面上，并按纹样进行挖槽；

5. 将彩石按图样打磨好；

6. 将彩石镶嵌在大理石相对应的凹槽内。（工艺上跟前述的错金、错银、错红铜有类似之处。）

整个工序包括选料、设计、勾形、锯石、雕刻、胶黏、磨光等将近20余个步骤。一件品质上乘的彩石镶嵌大理石工艺制品大约需要花费2名工匠3—4年的时间。

彩石镶嵌大理石首饰盒

彩石镶嵌大理石胭脂盒

彩石镶嵌大理石糖果碗

难以想象，这些色彩明亮、婀娜多姿的美丽花卉竟然是由一块块彩石镶嵌而成的。

色彩越丰富，图案越繁复，其制作所耗费的时间就越长，技艺的要求也就越高。

彩石镶嵌大理石工艺盘

阿格拉红堡建筑局部细节

镶嵌其上的无数蓝色花饰，都是按照之前所描述的工艺流程逐步制作完成。每一朵小花都是技艺与时间的结晶。

彩石镶嵌传统工艺不仅仅被用于制作小型工艺品，它更多的是被应用在了建筑装饰上，如图所示的阿格拉红堡建筑装饰。

世界七大建筑奇迹之一的泰姬陵建筑上就装饰有很多由彩石镶嵌工艺制作的花卉图案。

1983年，泰姬陵入选《世界文化遗产名录》，其中彩石镶嵌艺术所做出的贡献功不可没。要知道这些彩石可不是普通的彩色石头，它们是石头中最名贵的品种：宝石。你在泰姬陵建筑上看到的每一朵鲜艳的小花、每一棵葱绿的小草，每一个或卷或舒的精美纹样，都是由名贵宝石雕刻、镶嵌而成。泰姬陵，不仅仅是一座建筑，它还是一座不可估价的大理石艺术瑰宝。

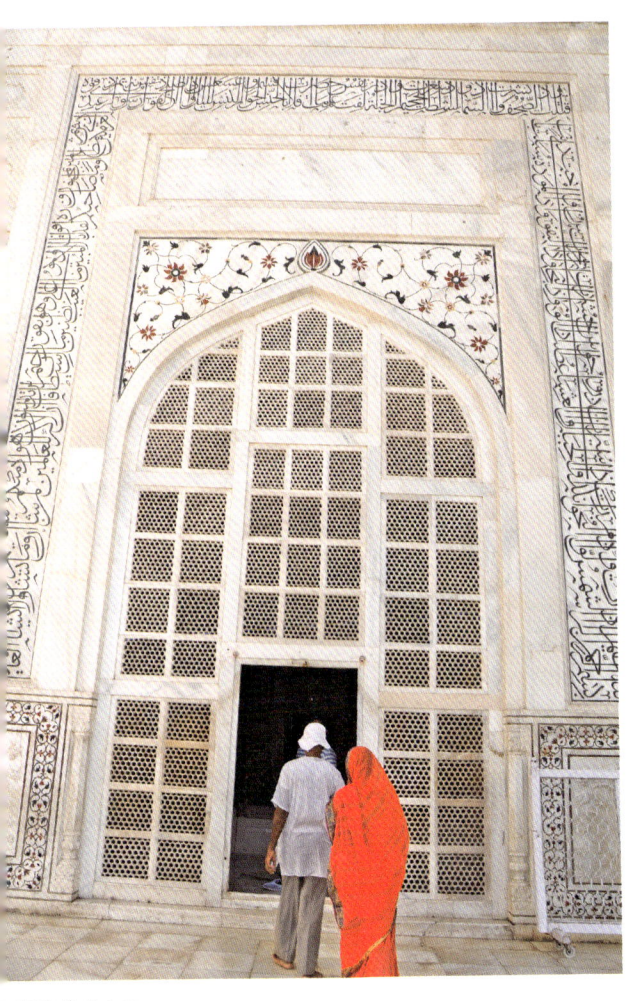

泰姬陵参观入口

泰姬陵参观入口局部细节

大理石格窗

这是泰姬陵的参观入口，其门框周边的黑色文字，也是以彩石镶嵌大理石工艺制作而成。仔细看这些以黑色宝石镶嵌的阿拉伯文字，怎一个鬼斧神工、巧夺天工、叹为观止能形容！

更令人叹为观止的是，泰姬陵参观入口大门上的巨大的格窗，竟然也是用大理石以镂空雕刻的技术制作出来的。这样一座庞大的镂空雕窗，真不知要花费多少工匠的多少时间！（当时修建泰姬陵是以举国之财力、物力、人力历时22年才完成。）

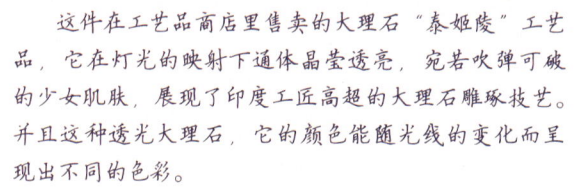

这件在工艺品商店里售卖的大理石"泰姬陵"工艺品，它在灯光的映射下通体晶莹透亮，宛若吹弹可破的少女肌肤，展现了印度工匠高超的大理石雕琢技艺。并且这种透光大理石，它的颜色能随光线的变化而呈现出不同的色彩。

最后，我要悄悄地告诉你，建造泰姬陵所使用的石材就是这种能变色透光的大理石。正因如此，泰姬陵在早晨、中午、下午、月光等不同的光线下会呈现出不同的颜色，如粉色、黄色、蓝色、白色等。所以，请记住！泰姬陵之美需要在不同的时间段分别去观赏，这样你才能说你看到了一个完美的泰姬陵。

这么神奇的大秘密，别说我没告诉你。

泰姬陵

印度美女凭什么获得了五次"世界小姐"的桂冠？

印度是世界公认的美女超级大国，印度美女共获得过五次"世界小姐"的桂冠。这个获奖比例在世界上除了委内瑞拉，估计再没有第二个国家了。那么，问题来了：印度女人凭什么能够多次获得世界最美女性的殊荣？

这还用说吗？能够获得"世界小姐"的封号肯定首先是因为人长得漂亮、长得美呗！但问题的关键是：她们为什么长得漂亮、长得美？这就得从历史上去捯捯根儿了。

历史上，公元前1500年左右，拥有印欧血统的雅利安人越过阿富汗北部的兴都库什山脉，从印度的西北部侵入印度。之后漫长的岁月里，雅利安人与印度当地土著达罗毗荼人水乳交融，造就了印度-雅利安人。

占印度人口总数75%的印度-雅利安人，具有印欧人种深目高鼻、脸型细窄的相貌特征，这使得他（她）们看上去五官轮廓清晰、立体感强。再加上印度女人明眸皓齿、丰乳细腰，这完全就是一副美人坯子了。

印度女人对自己的美貌非常自信，她们从来不怯拍照。遇到有拍照请求或者看到有镜头对准自己时，她们往往都大大方方地面对镜头，很少有躲躲闪闪、扭扭捏捏的情况。

印度女人中美女的比例实在是太高了，随便上街一溜达，遇到的不是美女，就是超级美女，"美女如云"说的就是印度没错啦。

与印度女人张扬的美貌形成鲜明对比的是她们恬静、内敛的性格。印度女人温婉随和，信仰虔诚，做事不慌不忙，很少见到她们在大庭广众之下大呼小叫、高声喧闹的情景。相反，她们在公共场合总是给人一种安静、淡然、不事张扬的印象。

在印度某旅游胜地，我遇到了看上去颇为知性的一家人。她们让我联想到了印度的女科学家们。印度女科学家不仅在世界科学家的队伍中占有着一席之地，甚至在太空、核能、生命等高科技领域也取得了令人瞩目的成就。印度女人兼具了美貌与聪慧，上天有些偏心呢。

印度佳丽能够五次摘得"世界小姐"选美大赛的桂冠，除了自身的天生丽质外，印度特有的独具风情的纱丽更是为她们妩媚、婀娜、轻盈、曼妙的身姿增添了动人的魅力。

在印度女性的服饰中，纱丽是最具代表性的，也是最受印度女性喜爱的民族服装。与各种美丽、时尚的服装不同，印度纱丽是由一块长约6米、宽约1.5米的整块布料做成，并且不用一针一线便可穿戴上身。非常神奇的一种服装。

一件完整的纱丽通常由胸衣+衬裙+纱丽三件套组成。穿戴纱丽的方式再简单不过了——将长纱丽的一角塞入衬裙内，然后围绕身体绕啊绕，缠啊缠，直到仅剩最后1.5米左右的纱丽时，把它往肩上那么斜着一搭，一件风情万种的纱丽就这样袅娜登场了。嘿嘿，美美的！

穿纱丽的橱窗模特

一般说来，每个印度女性都拥有几十件到上百件纱丽不等。纱丽的档次、品质也随质地、图案、工艺制作的不同而不同。另外，印度女性会根据季节、场合、身份等条件的不同而穿戴不同色彩与款式的纱丽，比如，未婚女性会把沙丽系在腰部，而已婚妇女则会把纱丽从头披到脚。

纱丽面料店

在印度各城市的商业街区，类似图中这样的纱丽面料店可说是栉比鳞次，让人目不暇接。女人们来到纱丽面料店，总是一头扎进面料堆里，任凭各种花红柳绿、纤丝锦绸把自己埋个活不见人死不见尸。总之，女人看见纱丽就像男人遇见美女：心跳自动加速，欲罢却不忍。

印度归来，我的旅行箱被纱丽塞了个满满。

月光下的泰姬陵

从小到大过过无数个中秋节，印象最深的却是在印度的泰姬陵所度过的那个仲秋夜。

人们说没看过月光下的泰姬陵就不算到过泰姬陵。巧了，那一年的八月十五(中国农历)我恰好在印度的泰姬陵，正是一年当中月亮最圆、最亮的一夜。

晨曦中的泰姬陵

泰姬陵，世界七大建筑奇迹之一，印度的国之瑰宝，是印度莫卧儿王朝第五代帝王沙·贾汗为纪念他的宠妻泰姬·玛哈尔所建的一座白色大理石陵墓。

泰姬陵

  作为帝王，沙·贾汗拥有三位皇后，但他一生却只爱了泰姬·玛哈尔一个女人，另两位皇后都只有表面名分而没有夫妻之实，她们从未得到过沙·贾汗的宠幸。

  泰姬·玛哈尔一生为沙·贾汗生了14个孩子，直至生第14个孩子时因难产而死。沙·贾汗为纪念爱妻，遂兴举国之财力、物力、人力，历时22年修建了这座屹立在世人心中的爱情丰碑——泰姬陵。

  原本，沙·贾汗曾计划在泰姬陵的对面为自己修建一座与泰姬陵一模一样的黑色大理石陵墓，并在两座陵墓之间隔河以一座黑白色的大理石桥相连，其中白色代表泰姬·玛哈尔，象征她的纯洁与美丽，黑色代表自己对爱妻的无限哀思，也象征着两人执子之手、与子天长地久的旷世爱情。但终因泰姬陵的建造耗尽了国家财力，且自己晚年又遭受囚禁而终未能如愿。

阿格拉红堡八角亭

晚年的沙·贾汗被儿子奥朗则布囚禁在泰姬陵河对岸的阿格拉红堡中，他每天深情地遥望着河对岸的泰姬陵，倾诉着无尽的相思与怀念："你，珍藏在我的心底，我放下过天地，放下过万物，却从未放下过你。"

从阿格拉红堡远眺泰姬陵图

八年后，沙·贾汗带着无限的忧伤与凄凉，孤寂地在阿格拉红堡中死去。

沙·贾汗死后，奥朗则布总算是遂了他的心愿——把他葬在了泰姬陵，葬在了泰姬·玛哈尔的身边。

沙·贾汗与泰姬·玛哈尔的棺椁禁止拍照。图中所显示的是主墓建筑墙壁上的装饰石刻。此石刻上所表现的花卉热情明媚富有生气。

在泰姬陵的主墓建筑中，安放着沙·贾汗与泰姬·玛哈尔两人的大理石石棺。你仔细看，泰姬·玛哈尔石棺上所雕刻的花卉都在热情地盛放着，而沙·贾汗石棺上雕刻的花卉却都呈萎蔫垂败状。在这个深情的男人心中，泰姬·玛哈尔永远是盛开的、美丽的，而失去了泰姬·玛哈尔的他却永远地凋零了，枯萎了，他的悲伤宛若恒河之水绵绵无尽……

从水中看泰姬陵的主体建筑，其倒影就像是一颗硕大的泪珠。诗人泰戈尔把泰姬陵比作"永恒面颊上的一滴泪"。这滴流淌着的凄美之泪打动了每一位到访者的心，这座空前绝后的建筑所诠释的爱情感动并震撼了所有的人。

水中倒影

赏月时分，我站在酒店的露台上，远眺着一年中最妩媚动人的泰姬陵。此时的她洁白无瑕，晶莹如玉，皎洁似银，于温婉中透着凄美，于华丽中泛着忧伤。我看到了泰戈尔笔下的那"一滴永恒的爱的泪珠"，也听到了那白色的大理石向满天的繁星仰叹："我记得！"

月光下的泰姬陵，让人看了心伤、心痛。

"你若离去，便是无期，我若爱过，即是永恒……"